물 흐르듯 대화하는 기술

HANASHI WO KAMIAWASERU GIJUTSU
by Nobuhiro Yokoyama
Copyright ⓒ Nobuhiro Yokoyama 2015
All rights reserved.

Korean translation copyright ⓒ Gimm-Young Publishers, Inc. 2018
Korean Translation rights arranged with FOREST PUBLISHING, CO., LTD.
through Japan UNI Agency, Inc., Tokyo and Korea Copyright Center, Inc., Seoul.

# 물 흐르듯 대화하는 기술

1판 1쇄 인쇄 2018. 2. 7.
1판 1쇄 발행 2018. 2. 14.

지은이 요코야마 노부히로 橫山 信弘
옮긴이 김지윤

발행인 고세규
편집 박민수 | 디자인 지은혜
발행처 김영사
등록 1979년 5월 17일(제406-2003-036호)
주소 경기도 파주시 문발로 197(문발동) 우편번호 10881
전화 마케팅부 031)955-3100, 편집부 031)955-3200 | 팩스 031)955-3111

이 책의 한국어판 저작권은 UNI Agency, Inc.와 KCC를 통해 저작권사와의
독점계약으로 김영사에 있습니다. 저작권법에 의해 한국 내에서 보호를 받는
저작물이므로 무단전재와 무단복제를 금합니다.

값은 뒤표지에 있습니다.    ISBN 978-89-349-8066-7 03190

홈페이지 www.gimmyoung.com    블로그 blog.naver.com/gybook
페이스북 facebook.com/gybooks    이메일 bestbook@gimmyoung.com

좋은 독자가 좋은 책을 만듭니다.
김영사는 독자 여러분의 의견에 항상 귀 기울이고 있습니다.

이 도서의 국립중앙도서관 출판예정도서목록(CIP)은 서지정보유통지원시스템 홈페이지
(http://seoji.nl.go.kr)와 국가자료공동목록시스템(http://www.nl.go.kr/kolisnet)에서
이용하실 수 있습니다.(CIP제어번호 : CIP2018002796)

말이 안 통해서 난감했던 당신에게

# 물 흐르듯
# 대화하는
# 기술

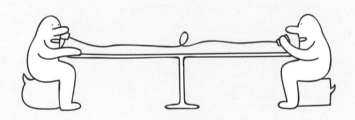

**요코야마 노부히로**

김지윤 옮김

김영사

# 차례

## 2  대화가 '통하지 않는 정도' 파악하기

## 3  대화를 통하게 하는 기술 기본편

## 6 대화가 딱딱 맞아 떨어지지 않아야 좋은 경우도 있다

**GETTING THROUGH TO UNREASONABLE PEOPLE**

GETTING THROUGH TO UNREASONABLE PEOPLE

어떤 사람과 대회를 히다 보면 '대화에 진진이 없다'거나 '이야기가 꼬인다'거나 '이야기가 복잡해진다'고 느낄 때가 있습니다.

여러분 주위에도 유난히 대화가 안 통하는 사람이 있을 겁니다.

공적으로나 사적으로나 이런 상대와 대화를 하다 보면 불필요하게 회의가 길어지거나 목표를 달성하지 못하게 되거나, 스트레스가 쌓이는 등 온갖 안 좋은 일이 생깁니다.

그렇다면 왜 대화가 안 통할까요?

왜 대화가 이어지지 않을까요?

왜 대화에 진전이 없을까요?

왜 대화가 꼬일까요?

왜 이야기가 복잡해질까요?

이 책은 대화하면서 발생하는 모든 문제의 근본 원인이 '대화가 통하지 않는 데 있다'고 보고, 다음 물음에 대한 해답을 찾아보려 합니다.

**대화가 통하지 않는 '원인'은 무엇일까?**
**대화가 통하지 않는 '요주의 인물'이란 어떤 사람일까?**
**대화를 통하게 하려면 어떻게 해야 할까?**

## 왜 '화술'이 아닌 '소통의 기술'이 필요할까?

저는 '화술'이나 '효과적인 의사전달법', '멋지게 프레젠테이션을 하는 방법'을 가르치는 전문 강사가 아니라 현장에 직접 들어가 그 기업의 목표를 '반드시 달성'하게 만드는 컨설턴트입니다.

제가 다양한 기업을 보면서 깨달은 것은 비즈니스 현장에서 목표를 달성하는 데 필요한 것은 '화술'이 아니라 **'이야기를 진행시키는 힘'**이라는 사실입니다.

이야기를 순조롭게 진행시키기 위해서는 소통의 기술을 몸에 익혀야 합니다.

어떤 조직이든 자신들의 목표를 달성하려면 상호 커뮤니케이션의 질이 중요합니다. 일이 제대로 진행되지 않고 '대화가 복잡해지거나 말이 안 통하는 현상'이 빈번하게 발생하면 쉽게 달성할 만한 목표조차 달성할 수 없기 때문입니다.

더욱이 요즘은 목표 달성뿐만 아니라 업무 효율도 중요한 시대입니다. 그런데 기업 내에서 '이야기가 진행되지 않는 상태'가 계속되면 시간만 허비하게 되고 업무 효율은 떨어집니다.

'대화가 통하는 것'은 '톱니바퀴가 맞물려서 돌아가는 것'에 비유할 수 있습니다.

톱니바퀴가 제대로 맞물리지 않으면 동력이 전달되지 않고 '헛도는 상태'가 되는데, 이런 상태가 계속되면 에너지가 낭비됩니다. 대화가 헛돌면 '커뮤니케이션 효율'이 극히 나쁜 상태가 될 수밖에 없습니다.

외부 환경이 숨 가쁠 정도로 빠르게 변하는 이 시대에는 '화술'보다 '소통의 기술'이 더 절실합니다.

# 대화가 통하지 않는
# '요주의 인물'이 늘고 있다

'화술'을 아무리 열심히 갈고 닦아도 '대화를 통하게 하는 기술'을 익힐 수는 없습니다.

**사실 말하기를 좋아하는 사람, 언변이 뛰어난 사람일수록 대화가 통하지 않는 경우가 많아서 문제가 더욱 복잡**합니다.

우리는 억측이 심하거나 다른 사람 말을 듣지 않고 독선적으로 말하는 사람과 대화할 때 특히 더 주의를 기울여야 합니다.

'정치인' 중에 간혹 이런 사람들이 있습니다. '평론가'나 '해설자'도 자기주장이 강한 경향이 있지요. 그러다 보니 가끔 방송에서 '정치인'과 '평론가'가 격렬한 토론을 주고받는데도 대화에 진전이 없는 것을 볼 때가 있습니다. 조직 안에 '정치인이나 평론가 같은 사람'이 있으면 논의를 진행시키기가 어렵습니다.

게다가 최근 들어서 사람들 사이에 대화가 잘 안 통하는 일이 늘고 있는데 여기에는 **인터넷과 SNS(소셜 미디어)의 발달**이 큰 영향을 주었다고 할 수 있습니다.

고도로 정보화된 시대가 되면서 정보 전달이 '일방통행'에 가까워지고 있습니다. 비즈니스 현장에서나 일상생활에서 얼굴을 맞대고 실시간으로 '대화'하는 일이 크게 줄었습니다. 대화를 한다고 해도 이메일이나 카카오톡과 라인 등의 메신저 프로그램, 트위터나 페이스북 등 SNS상에서 이루어지는 경우가 많아졌습니다.

그렇기 때문에 서로 대화하고 조정하기보다는 자신의 의견을 일방적으로 피력하는 바람에 인간관계에 문제가 생기는 경우도 있습니다.

## 대화가 통하지 않는 상대는 '외국인'이라고 생각하자

대화가 통하지 않는 상대가 자신과 그다지 상관없는 사람이라면 대응 방법도 간단합니다. 그 사람과 거리를 두면 그만입니다.

하지만 상사나 부하직원, 고객, 팀원 등 업무관계에 있거나 가족이나 친구 등 일상적으로 마주쳐야 하는 관계라면 마음에 안 든다고 해서 일방적으로 거리를 두거나 대화를 포기할 수 없습니다.

이런 피할 수 없는 상대와 피치 못하게 이야기를 나눠야 한다면 어떻게 해야 좋을까요?

앞으로 자세히 설명하겠지만 대화가 통하지 않는 사람을 '외국인'이라고 생각하고 대하면 됩니다.

가령 영어 회화를 한다고 해봅시다.

영어 회화를 할 때 가장 중요한 요소를 네 가지만 뽑자면 '어휘', '문법', '리스닝', '리딩'입니다.

상대방이 쓰는 '단어나 용어'의 뜻을 모르면 대화를 할 수 없습니다. '문법'이 잘못되면 말이 통하지 않고, 상대방이 내 말을 오해할 수도 있습니다.

그런데 소통을 위해서 어휘나 문법보다 더 중요한 요소는 '리스닝'과 '리딩' 능력입니다.

우리는 대화를 하면서 '내가(혹은 상대방이) 하는 말을 제대로 이해하고 있는가?', '내가(혹은 상대방이) 적은 내용을 오해 없이 받아들였는가?'를 늘 확인해야 합니다.

**이 네 가지에 대해서 의식하고 있는 상대인지, 전혀 신경 쓰지 않는 상대인지에 따라서 커뮤니케이션 방법도 달라져야 하겠지요.**

본문에서 이에 대해 자세히 설명하겠습니다.

## 비즈니스 현장이나 일상생활에
## 도움이 되는 테크닉

말이 통하지 않는 사람의 대표적인 유형은 크게 다음 세 가지로 나눌 수 있습니다.

- **'엉뚱한 소리'**로 대화의 방향을 바꾸는 사람
- **'지레짐작'**하고 말을 자르는 사람
- **'무조건 거부'**부터 하고 보는 사람

대화가 안 통하는 사람을 만났다면 그가 소통을 어렵게 만드는 세 가지 유형 중에 어떤 유형에 속하는 '요주의 인물'인지부터 파악해야 합니다.

그리고 상황에 따라서 **'어떻게 대화를 준비할까'**, **'어떤 식으로 대화'**하고 **'어떤 보조 장치를 사용할까'**도 생각해두면 좋습니다.

그래도 말이 통하지 않으면 다음을 준비해야 합니다.

'조정자로 누구를 끌어들일까?'

'시간을 얼마만큼 들여서 조정할까?'

'얼마나 포기할까?'

이렇게 소통을 위해 온갖 궁리를 해야 할 때도 있지만, 우리 일상에서는 **대화가 딱딱 맞물리면서 논리적으로 진행되지 않는 편이 좋을 때도 있습니다.**

주로 잡담을 하거나 가볍게 세상 돌아가는 이야기를 나눌 때가 그렇습니다. 이럴 때는 대화가 퍼즐조각처럼 딱딱 들어맞지 않아도 됩니다. 본문 후반부에서 대화의 아귀를 맞추지 않아도 좋은 경우와 대화의 흐름을 자연스럽게 만드는 방법을 알아보겠습니다.

이 책에서 전하는 '대화를 통하게 하는 기술'과 '대화를 자연스럽게 흘러가게 만드는 기술'을 충분히 습득하면 대화로 인한 **'스트레스'를 해소할 수 있고, '목표 달성'과 '빠른 문제 해결'뿐 아니라 '올바른 결단 내리기', '빙빙 돌아가지 않고 직진하기', '즐겁게 대화 나누기', '마음의 거리 좁히기'** 등이 가능해지고, 더 나아가서는 대화 자체를 즐길 수 있게 될 것입니다.

화법과 의사전달법, 청취법의 수준을 뛰어넘는 실질적인 커뮤니케이션 기술은 공적으로나 사적으로나 도움이 됩니다. 인간관계와 인생을 풍요롭게 하기 위해서라도 '대화를 통하게 하는 기술'을 반드시 익히시기 바랍니다.

**이 책은 앞에서부터 차례대로 읽지 않아도 됩니다.** 어디서부

터 읽어도 이해할 수 있는 내용이기 때문에 흥미가 있는 주제
부터 골라서 읽어보기를 바랍니다.

**GETTING
THROUGH TO
UNREASONABLE PEOPLE**

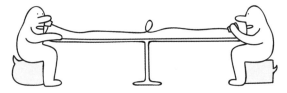

# '대화가 통하지 않는다'는 말은 과연 어떤 뜻일까?

**1**

영어를 공부할 때 중요한 네 가지는 '어휘', '문법', '리스닝', '리딩'입니다.
그리고 대화의 아귀를 자연스럽게 맞춰가는 데에도
이 네 가지가 중요합니다.
상대방이 사용하는 단어 뜻을 모르면 대화가 안 됩니다.
문법이 틀리면 말이 통하지 않고 오해를 불러일으킵니다.
그리고 대화할 때는 무엇보다 '리스닝'과 '리딩' 능력이 필요합니다.

## '대화가 통하지 않는 사람'의
## 대화법에는 이런 특징이 있다

저는 각 기업이 세운 목표를 반드시 달성시키는 컨설턴트로서 고객 기업의 사원들과 커뮤니케이션을 해서 실제로 사람을 움직이고 결과를 내게 만드는 일을 하고 있습니다.

현장에서 일하면서 제가 알게 된 '말이 잘 안 통하는 사람'은 대체로 다음 세 가지 유형으로 나눌 수 있습니다.

- '엉뚱한 소리'를 하는 사람
- '지레짐작'을 하는 사람
- '무조건 거부'를 하는 사람

이 세 가지 유형의 사람들이 자주 쓰는 말이 있습니다.

- **엉뚱한 소리** …… '그나저나', '그러고 보니', '참고로'
- **지레짐작** …… '나도 다 알지', '보나마나 그거지?'
- **무조건 거부** …… '○○하면 다 되는 게 아니라니까?', '결정타가 없어', '그런 소리는 처음 듣는데?'

대화 중에 상대방이 위와 같은 말을 꺼내면 일단 긴장해야 합니다.

이제 각 유형의 구체적인 대화 사례를 통해 말이 어떻게 안 통하는지를 자세히 살펴보겠습니다.

## 대화를 어긋나게 하는 '엉뚱한 소리' 유형

먼저 '엉뚱한 소리' 유형부터 살펴보겠습니다. 다음 대화를 부하직원의 입장에서 읽어보시기 바랍니다.

**부하직원** "과장님, 회의 일정을 어떻게 잡을까요? 저는 다음 주 수요일이 괜찮을 것 같은데요?"

**상사** "음, 회의 말이지?"

**부하직원** "다다음주는 수요일 빼고 다 괜찮습니다."

**상사** "글쎄……. 그나저나 다음다음주에는 대만 출장이 잡혀 있지?"

**부하직원** "네?"

**상사** "생각 안 나? 전무님이 저번부터 말씀하셨잖아?"

**부하직원**　　　"아, 그러고 보니⋯⋯."

대화의 논점이 '회의 일정'에서 '대만 출장'으로 옮겨져 버렸습니다.

상사가 회의보다 '다다음주'라는 **단어에 꽂혀** 엉뚱한 방향으로 대화를 돌리는 바람에 논점이 흐려졌습니다.


## 선입견이 강한 '지레짐작' 유형

다음은 '지레짐작' 유형입니다.

**부하직원**　　　"과장님, 지난번 인사 회의에서 젊은 사원들이 다양한 의견을 냈습니다."

**상사**　　　"보나마나 그거지? 월급을 더 올려달라고. 결국 다 그런 거 아니겠어?"

**부하직원**　　　"네? 아닌데요?"

**상사**　　　"아니기는. 뻔하지."

**부하직원**　　　"과장님, 제 얘기를 끝까지 들어주세요."

| 상사 | "안 들어도 다 알아. 돈이야, 역시 돈이 최고지. 근데 어쩔 수 없잖아. 우리 사장이 짠돌이인데 어쩌겠어?" |
| --- | --- |
| 부하직원 | "……." |

'지레짐작' 유형은 충분한 정보를 얻기도 전에 **강한 선입견으로 상대의 말을 해석하려 드는 경향이 있습니다.** 따라서 지레짐작 유형과 대화를 하려면 충분한 사전 정보를 제공하는 것이 좋습니다.

## '싫어'로 일관하는 '무조건 거부' 유형

마지막으로 '무조건 거부' 유형입니다. 이번 대화는 상사의 입장에서 읽어보시기 바랍니다.

| 상사 | "다음 분기부터 조직개혁 프로젝트 멤버로 들어왔으면 하네." |
| --- | --- |
| 부하직원 | "네? 저는 못합니다. 다음 분기에 신입사원이 |

## '말이 안 통하는 사람'의 세 가지 유형

그나저나 말이야.

말을 딴 데로 돌리네….

응?

**1** '엉뚱한 소리' 유형

결국 그거 아냐?

전혀 다른데….

**2** '지레짐작' 유형

그건 안 된다니까.

어쨌든 그냥 하기 싫은 거 아냐.

이렇게 하면 되지 않아?

**3** '무조건 거부' 유형

두 명이나 들어오거든요."

상사     "그 두 명은 관리부로 배치됐으니까 괜찮을 거야."

부하직원     "다음 분기에는 대규모 이벤트가 있잖아요. 제가 그 이벤트 메인 담당자예요."

상사     "실은 기획부와 담판을 지어서 메인 담당을 다른 사람이 맡아주기로 했다네."

부하직원     "그렇지만……. 아기가 곧 태어나니까 아무래도 저는……."

상사     "음……."

부하직원은 먼저 자기 밑으로 '신입사원이 두 명 들어온다'는 이유로 프로젝트 멤버가 되기를 거부했습니다. 하지만 그 구실이 사라지자 '대형 이벤트 준비 때문에 어렵다'는 핑계를 댔습니다. 그런데 그 핑계마저 대지 못하게 되자 이번에는 '아기가 태어나서 안 된다'고 주장하기 시작했습니다.

구실이 계속 바뀌는 것을 보면 그야말로 '무조건 거부'할 태세입니다. **'안 되는 건 안 돼', '싫은 건 싫은 거야'**라는 논리입니다.

이렇게 무조건 거부 반응을 보이면 대화하는 사람은 답답함을 느낄 수밖에 없습니다.


## 세 가지 유형 중에서
## 가장 맞춰주기 어려운 유형은?


지금까지 대화를 어렵게 만드는 '엉뚱한 소리', '지레짐작', '무조건 거부'라는 세 가지 유형에 대해 알아봤습니다. 이 세 가지 유형 모두 대화를 뒤트는데, 그 뒤틀림을 바로 잡기가 쉽지 않습니다. 그렇다면 그중에서도 가장 대화하기 힘든 유형은 무엇일까요?

먼저 이야기가 '엉뚱한 방향'으로 흘러간 경우, 대화의 논점이 어긋난 것을 상대방에게 확인시켜주면 논점을 원래대로 돌릴 수 있습니다.

그렇다면 상대방이 '지레짐작'을 하고 이야기를 끝까지 듣지 않는 경우는 어떨까요? 상대가 강한 선입견을 가지고 있거나 사전지식이 부족한 경우에는 올바른 정보를 보충해서 오해를 풀어야 하는데, 이 작업이 의외로 상당히 까다롭습니다.

'무조건 거부' 유형은 더욱 상대하기가 힘듭니다. 상대가 '무조건 부정'하는 태도를 바꾸지 않는 한, '말이 안 통하는 상태'가 계속되기 때문입니다. 어쩌면 **대화 내용이 아니라 상대방과의 관계부터 새롭게 구축**해야 할지도 모릅니다.

## 말이 통하지 않는 사람을 '외국인'이라고 생각하자

'대화를 자연스럽게 맞춰 나가는 일'은 쉽게 보일지 모르지만 사실 굉장히 힘든 일입니다.

프롤로그에서도 언급했듯이 영어 회화를 생각하면 이해하기 쉽습니다.

영어 시험 성적은 좋아도 외국인 앞에만 서면 꿀 먹은 벙어리가 되는 사람이 의외로 많지요. 실제로 영어를 공부하는 사람의 90퍼센트 이상이 외국인과 일상적인 대화를 하지 못한다는 통계가 있을 정도입니다.

그렇다면 왜 이런 일이 일어날까요? **혼자 일방적으로 이야기할 때와 상대방과 대화할 때 뇌를 사용하는 방식 자체가 다르기 때문**입니다.

'사고방식'을 바꾸지 않고 다른 나라의 언어를 습득하는 일은 매우 어렵다고 알려져 있습니다.

대화가 통하지 않는 사람과 대화를 통하게 하는 것도 이와 마찬가지여서 어느 한 사람은 **'사고방식'부터 바꿔야 합니다.**

만약 상대방의 사고방식을 바꾸는 것이 불가능하다면 상대방을 다른 언어로 말하는 사람(외국인)이라고 생각하고 대화하는 편이 낫습니다. 말이 안 통하는 사람과 대화하려면 그 정도의 각오가 필요합니다(이 부분에 대해서는 4장 '상대방을 외국인으로 간주하고 대화할 때의 세 가지 포인트'에서 자세히 설명하겠습니다).

영어를 공부할 때 중요한 네 가지는 **'어휘', '문법', '리스닝', '리딩'**입니다. 그리고 대화의 아귀를 자연스럽게 맞춰가는 데에도 이 네 가지가 중요합니다.

상대방이 사용하는 단어 뜻을 모르면 대화가 안 됩니다. 문법이 틀리면 말이 통하지 않고 오해를 불러일으킵니다.

그리고 대화할 때는 무엇보다 '리스닝'과 '리딩' 능력이 필요합니다.

'내가(혹은 상대방이) 하는 말을 제대로 이해하고 있는가?', '내가(혹은 상대방이) 적은 내용을 오해 없이 받아들였는가?'를 항상 확인해야 합니다.

# 왜 경영자들은 '지레짐작' 할까?

## : 말이 안 통하는 이유① '리스닝·리딩' 의식 부족

저는 경영 컨설턴트이기 때문에 기업 경영자나 조직의 최고 관리자와 대화를 나눌 기회가 많습니다.

다양한 성향의 경영인이 있지만 대부분의 경영인이 '지레짐작'을 해서 성급하게 결론을 내리고 '이야기의 절반'만 들으려는 경향이 있습니다. 그들은 다른 사람의 말을 주의 깊게 듣지 않고 자신의 선입견으로 결론을 내린 다음 화를 내거나, 자신이 하고 싶은 이야기로 은근슬쩍 화세를 돌리기도 합니다.

이는 다른 사람의 말을 제대로 듣고 문맥을 이해하려는 의식(리스닝·리딩 의식)이 부족하기 때문입니다. 커뮤니케이션 '능력'이 떨어지는 것이 아니라 커뮤니케이션 '의식'이 부족하다고 할 수 있습니다.

그렇다면 경영자 중에는 왜 이런 사람이 많을까요?

제 분석에 따르면 다음과 같은 본질적인 요인 때문인 것 같습니다.

① **머리 회전이 빠르다**
② **상상력이 풍부하다**

③ 문제의식이 높다
④ 권력을 가지고 있다

이와 같은 네 가지 본질이 올바른 **'리스닝'**과 **'리딩'**을 방해합니다.

아래 사장과 부하직원의 대화를 살펴봅시다.

| | |
|---|---|
| **부하직원** | "사장님, 관리부장님이 전화하셨습니다. 지금 바로 뵙고 보고 드릴게 있다고 하시면서……." |
| **사장** | "내년도 예산책정 때문인가?" |
| **부하직원** | "네? 아니요." |
| **사장** | "그러면 채용하는 데 드는 비용 총액 때문이겠지." |
| **부하직원** | "아니, 그게……." |
| **사장** | "그것도 아니면 시스템 유지 경비 때문이겠군. 나는 정보통신 같은 건 잘 모르는데 말이야." |
| **부하직원** | "아니, 그게 아니라요." |
| **사장** | "그럼 대체 뭔가?" |
| **부하직원** | "신년회 때 사용할 예정이었던 호텔에 예약이 안 되어 있어서 사장님과 대책을 논의하고 싶어 |

하시는 것 같습니다."

**사장**         "뭐야, 그 얘기였어?"

사장은 '관리부장이 지금 바로 뵙기를 원한다'는 부하직원의 말만 듣고 자기 마음대로 연상한 다음 나름의 답을 차례로 내놓았습니다. 마치 '스피드 퀴즈'에 나간 사람처럼 말이지요. **머리 회전이 빠르고 문제의식도 높기 때문에** 단어에서 연상할 수 있는 내용이 아주 많습니다.

상대가 사장이기 때문에 부하직원 입장에서는 "제 말을 끊지 말고 끝까지 들어주세요"라고 말하기가 쉽지 않습니다.

사장뿐만 아니라 기업의 관리자나 학부모 회의 간부, 정치인, 부모 등 평소에 상대방보다 **'높은 위치'**에서 대화하는 데 익숙한 사람은 '지레짐작'하는 경향이 있습니다. 상대방의 말을 '경청'하고 상대방이 제출한 문서를 '정독'해야 한다는 생각이 부족하기 때문입니다.

## 정말로 이해했을까?

: 말이 안 통하는 이유② '어휘력' 부족

**어휘력 부족 때문에 '말이 안 통하는 현상'이 일어나는 경우도** 의외로 많습니다.

극단적인 예이기는 하지만 다음 대화를 읽어보시기 바랍니다.

| | |
|---|---|
| A과장 | "고객이 메일로 보낸 어젠다를 다시 보게나." |
| B직원 | "아, 네. 어젠다……말이죠?" |
| A과장 | "아무래도 처음 콘텍스트가 마음에 안 든단 말이지." |
| B직원 | "콘텍스트……." |
| A과장 | "이런 마일스톤, 정말로 오서라이즈된 게 맞는지. 완전히 버퍼가 없어." |
| B직원 | "마일, 오서라이……. 버퍼요……." |
| A과장 | "여기에 대처하기 위해서 스킴을 재검토하고 싶어. 고객과 회의를 한 번 더 하고 싶으니까 C부장한테 어사인을 요청해주게." |
| B직원 | "아, 네……. 부장님께 어사인 말이죠?" |

A과장은 평소에 '콘텍스트', '마일스톤', '오서라이즈', '버퍼', '스킴', '어사인'이라는 어휘를 빈번하게 사용합니다. 본인은 위화감을 느끼지 못하겠지만 B는 각각의 어휘를 모르기 때문에 말을 거의 알아듣지 못했습니다.

B가 A과장에게 다음과 같이 **질문해서 확인**을 한다면 대화를 통하게 만들 수 있습니다.

"죄송하지만 어젠다가 뭔가요?"

"저는 마일스톤을 작업공정이라고 이해했는데, 맞습니까?"

하지만 이해하지 못한 채로 대화를 끝내버리면 어떻게 될까요?

'무슨 뜻인지는 모르겠지만 일단 C부장님께 회의를 한 번 더 하자고 전하자'고 결심하고 제대로 **이해하지 못한 채 말을 전달하면 이야기가 더 꼬입니다.**

C부장   "A과장이 나랑 회의를? 고객이 아니라 나랑 만나고 싶다고 한 게 확실한가?"

B직원   "아니, 그게 말입니다……. 고객이 보낸 마일스톤이 오서라이즈되지 않아서 버퍼에 어사인하고 싶다고 하시면서……."

C부장　　"도무지 무슨 말인지 모르겠군! 자네랑은 말이 안
　　　　통하니 당장 A과장을 부르게."

　위와 같이 상대방에게 낯선 단어는 아닌지 배려하기보다는
자신에게 익숙한 방식으로 말하는 사람이 의외로 많습니다.
따라서 상대가 자신이 이해할 만한 어휘만 사용하기를 막연
하게 기대할 것이 아니라 팀원들 사이에서 일상적으로 사용
하는 단어의 뜻 정도는 제대로 파악해둬야 합니다.
　업계에서 자주 사용하는 어휘나 용어는 기본적인 것이지만
의외로 소홀해지기 쉽기 때문에 더욱 신경을 써야 합니다.
　상사나 고객과 대화를 하면서 **어려운 전문용어나 IT용어가
나왔을 때, 그 자리에서 질문하지 못했다면 반드시 메모해 두
었다가 나중에 찾아보기 바랍니다.**
　'분명히 이런 뜻일 거야'라고 멋대로 해석하고 넘어가서는
안 됩니다.

## 그런 뜻이 아닌데…….

### : 말이 안 통하는 이유③ '배경지식' 부족

어떤 '단어'의 사전적 의미는 대충 알아도 **정확하게 모르거나 '배경지식'이 부족**해서 소통이 안 되는 경우도 상당히 많습니다.

배경지식이 부족한 사람과 대화를 하다 보면 무의식중에 다음과 같이 말하고 싶어질 때도 있습니다.

"그게 아니야."

"그렇게 간단한 문제가 아니라고."

A      "자네, 주식한다고 했지? 아베노믹스(아베 신조 일본 총리의 경기 회복 정책 – 옮긴이) 덕분에 떼돈 번 거 아냐?"

B      "아니, 그게 그렇게 간단한 문제가 아닌데……."

A는 주식 운용에 대한 지식이 거의 없습니다. 반면에 B는 지식과 경험이 모두 풍부하기 때문에 A에게 '아베노믹스 덕분에 엄청난 이득을 얻었을 것'이라는 말을 들으면 '뭘 모르는 소리'라고 반박하고 싶어질 것입니다.

옳고 그름은 차치하더라도 비슷한 지식수준을 가진 사람과 이야기하면 오히려 대화가 잘 통합니다.

A    "B는 주식을 하는 것 같더라? 아베노믹스 덕분에 떼
      돈을 벌지 않았을까?"

C    "B가 주식을 해? 그럼 지금쯤 엄청난 돈을 벌었을지
      도 모르겠네."

이런 식으로 대화가 자연스럽게 이어지겠지요.
**문제는 '배경지식'의 차이입니다.**

D    "그러고 보니 남편이 시스템 엔지니어라고 했지? 스
      마트 폰을 새로 샀는데 사용 방법을 잘 모르겠어. 남
      편한테 좀 가르쳐달라고 하면 안 될까?"

E    "응? 왜 우리 남편한테?"

D    "컴퓨터 엔지니어잖아. 그러면 스마트 폰 사용 방법
      같은 건 당연히 잘 알 거 아냐."

E    "……."

저도 과거에 히타치 제작소에서 시스템 엔지니어로 일했기
때문에 이런 상황을 자주 만났습니다.

"새 프린터를 구입했는데, 인쇄가 잘 안 되네? 어떻게 하면 돼?", "컴퓨터는 어느 회사 제품이 제일 좋아?" 등의 막연한 질문을 많이 받았지요.

가족과 친구에게 이런 질문을 받을 때마다 시스템 엔지니어라고 해서 컴퓨터나 프린터에 대해서 반드시 잘 아는 건 아니라고 설명하느라 진땀을 빼야 했습니다.

게다가 제가 하던 일은 정보 시스템을 활용해서 고객사의 업무 흐름을 효율적으로 설계하는 일이었습니다.

그래서 제 업무는 주로 고객과 협의를 하거나 내부 회의를 하는 것이었습니다. 컴퓨터를 수리하거나 프린터를 설정하는 등의 실무적인 일은 한 적이 없다고 말해도 과언이 아닐 정도입니다. 그런데 이런 배경지식이 없는 상대와 대화를 하다 보면 제 상황을 이해하지 못하기 때문에 그야말로 '격화소양(隔靴搔痒, 신발을 신고 발을 긁는 것처럼 성에 차지 않는 느낌 – 옮긴이)'을 느끼게 됩니다.

이처럼 본인이 몸담은 세계에서는 '당연한 일이자 상식'이기 때문에 '제대로 설명은 못하겠지만 그런 게 아니다'라고 반박하고 싶어질 때가 누구나 있을 겁니다.

# '마음가짐'·'정신력'의 함정

## : 말이 안 통하는 이유④ '지식'과 '경험'의 차이

**'정신력'이나 '마음가짐'에 관한 생각**은 사람마다 다를 수 있기 때문에 특히 주의해야 합니다.

비즈니스 현장에서 많은 사람이 '정신력'이나 '마음가짐'에 대해 이야기합니다. '정신력'이나 '마음가짐'이라는 말을 이용해서 안 될 것은 없지만 이런 단어에 대한 **지식(경험을 통해 자기 나름대로 내린 정의)이 다르면 대화가 통하지 않습니다.**

게다가 말을 애매하게 하면 일을 진행시키기가 어려워집니다.

상사와 부하직원이 흔히 나눌 만한 다음 대화를 살펴봅시다.

| | |
|---|---|
| 상사 | "업무 효율을 높여서 일을 좀 더 철저히 하게." |
| 부하직원 | "저는 철저히 한다고 하고 있습니다." |
| 상사 | "내가 볼 때는 철저히 하는 것 같지 않던데?" |
| 부하직원 | "무슨 말씀이세요? 제가 철저히 한다면 철저히 하는 거죠." |
| 상사 | "대체 뭘 철저히 한다는 거지? 철저히 한다고 자신 있게 말할 수 있는 게 있으면 구체적으로 |

말해봐."

이들은 '결말 없는 논쟁'을 벌이고 있습니다.

이런 기 싸움을 한다 한들 결론이 나올 리가 없지요. '철저히 한다'는 말에 정확한 정의가 내려지지 않았기 때문에 대화가 평행선을 달릴 뿐입니다.

> 선배     "더 열심히 연습하자."
>
> 후배     "선배, 저는 제 나름대로 열심히 하고 있어요."
>
> 선배     "연습에 더 몰두하자는 뜻이야."
>
> 후배     "연습에 몰두하고 있는데요?"
>
> 선배     "본경기라고 생각하고 플레이 하라는 거지."
>
> 후배     "그렇게 생각하고 플레이 하고 있다니까요, 선배!"
>
> 선배     "선배 말에 자꾸 토 달래?"

'열심히 한다', '노력한다', '기합을 넣는다', '겸허한 마음을 가진다', '성실히 임한다', '철저히 한다', '적극적으로 한다' 등 '정신력'이나 '마음가짐'에 관한 말은 **해석의 폭이 상당히 넓습니다**.

그래서 컨설턴트는 행동을 분석해서 수치로 표현하고 지표를 정해서 계획을 세웁니다. 결과를 안정적으로 재현하기 위해서는 누가 어떻게 보더라도 똑같이 해석하도록 **'숫자'로 평가**하는 일이 중요하기 때문입니다.

저도 개인적으로는 '마음가짐'을 새롭게 다지는 것을 아주 좋아합니다. 힘든 시기가 찾아오면 '정신력으로 극복하자'고 마음속으로 외치기도 합니다.

자기 자신과 대화할 때는 이 방법이 유용할지도 모릅니다. 하지만 다른 사람과 커뮤니케이션을 할 때 다양하게 해석할 수 있는 애매한 말을 사용하면 대화가 안 통하거나 이야기가 진전되지 않는 함정에 빠질 수 있습니다.

## '대화 목적'의 불일치

### : 말이 안 통하는 이유⑤ '입장'의 차이

서로의 '대화 목적'이 다르면 대화가 자연스럽게 이어지지 않습니다.

다음에 소개하는 예는 애초에 '조언을 하고 싶은 것'인지 '의견이 듣고 싶은 것'인지 '함께 문제를 해결하고 싶은 것'인지 '정보만 공유하고 싶은 것'인지 '단순히 잡담을 하고 싶은 것'인지가 서로 다릅니다. 즉, **대화 목적'이 달라서 소통이 원활하게 안 되는 예**라고 할 수 있습니다.

A  "지난 번 아침 회의 때 사장님이 나한테 엄청 화내시던데, 내가 무슨 잘못이라도 했나?"

B  "그러게. 사장님이 자네한테 화내시는 건 처음 봤어."

A  "매상이 떨어지기는 했지만, 이익은 역대 최고 수준으로 올라갔는데……."

B  "그때 사장님이 오른손을 허리에 올리고 화내셨지? 이런 식으로."

A  "나고야 지점 판매량이 너무 떨어져서 그런가? 어떻게 생각해?"

B  "저번에 술자리에서 화내셨을 때도 오른손을 허리에 올렸었는데. 알고 있었어?"

A  "지금 그게 중요한 게 아니잖아. 내 질문 들었어?"

B  "뭐?"

A  "사장님이 화낸 이유가 뭔지 아냐고."

B  "아, 그랬어?"

A  "그래."

B  "그러면 처음부터 그렇게 물어보지 그랬어."

A     "처음부터 그걸 물어봤다고!"

A의 목적은 '의견을 듣는 것'이지만 B의 목적은 '두서없는 잡담을 하는 것'이었기 때문에 대화가 원활하게 진행되지 않았습니다.

이처럼 목적이 서로 달라서 대화가 매끄럽게 이어지지 못하는 또 다른 예를 어느 부부의 대화를 통해서 살펴보겠습니다.

아내     "옆집 할머니가 쓰레기 내놓는 날도 아닌데 또 내놓으셨네? 몇 번이나 얘기했는데 자꾸 그러신단 말이지."

남편     "난 못해."

아내     "뭐?"

남편     "최근에 회사 일이 징그럽게 많단 말이야. 매일 밤 늦게까지 야근하고 완전히 지쳐서 돌아온다고. 당신도 알 거 아냐."

아내     "갑자기 무슨 말이야?"

남편     "뭐든지 나한테 기대지 말고 스스로 생각해봐."

아내     "잠깐만, 아까부터 무슨 소리를 하는 거야?"

남편     "나한테 옆집 할머니를 설득해달라는 거 아냐?"

| | |
|---|---|
| 아내 | "뭐라고?" |
| 남편 | "아니야?" |
| 아내 | "난 그런 말 한 적 없는데?" |
| 남편 | "그래……?" |
| 아내 | "'옆집 할머니가 쓰레기를 잘못 내놓는다, 몇 번을 얘기해도 마찬가지다' 그렇게 말한 것뿐이라고." |
| 남편 | "뭐야……. 그런 거였어?" |

남편은 '지레짐작'을 하고 아내에게 짜증부터 냈습니다. **아내는 단순한 '잡담'을 하려고 이야기를 꺼냈는데, 남편은 '문제 해결'을 재촉한 것으로 착각**한 것이지요. 아내의 이야기를 지나가는 '잡담' 정도로 들었다면 "아, 그렇구나. 쓰레기 내놓는 시간 같은 건 좀 기억하시지" 하고 대화를 맞춰줄 수도 있었겠지요.

## 입장 차이를 좁히는
## 마법의 문구

'대화 목적'은 '○○할 생각'으로 바꾸면 이해하기 쉽습니다.

즉 '사소한 잡담이나 할 생각이다', '의견을 구할 생각이다', '유익한 정보를 제공할 생각이다', '거래를 진전시키기 위해서 교섭을 할 생각이다', '오늘은 반드시 결정을 내리게 할 생각이다' 등이 대화의 목적입니다.

요주의 인물과 대화를 해야 한다면 **본격적인 대화에 앞서 어떤 생각으로 이야기를 하는지부터 언급하는 것이 좋습니다.**

"그냥 지나가는 말로 하는 얘긴데……."

"의견을 묻고 싶은데, 괜찮을까?"

"조언을 구하고 싶은 일이 있는데, 들어줄래?"

이런 대수롭지 않은 한마디로 서로의 '대화 목적'을 맞출 수 있습니다.

물론 이렇게 해도 엉뚱한 소리를 하는 사람도 적지 않지만, **사업 이야기를 나누는 자리에서는 대화가 끝난 후의 스텝까지 사전에 제시**하면 어느 정도 대화를 진전시킬 수가 있습니다. 서로의 '대화 목적'을 더욱 명확하게 할 수 있기 때문입니다.

"지금부터 할 얘기는 다음 주 경영 회의 의제로 다룰 내용이니까 진지하게 듣고 의견을 내주길 바랍니다."

이런 식으로 중요한 포인트를 미리 짚어주면 대화를 진전시키는 데 도움이 됩니다.

## 대화가 어긋날 때의 단점과
## 대화가 통할 때의 장점

지금까지 '대화가 통하지 않는' 구조에 대해서 대략적으로 설명했는데, 대화가 통하지 않으면 어떤 단점이 있고 대화가 통하면 어떤 장점이 있는지 조금 더 자세히 살펴보겠습니다.

최근에 많은 기업이 관심을 가지는 키워드로 '근로시간 단축'이 있습니다. '야근이나 시간외 노동을 어떻게 줄일까'로 골머리를 앓는 경영인도 적지 않겠지요. 그런데 이 문제는 서로 '대화의 톱니바퀴를 잘 맞춤으로써' 어느 정도 해결할 수 있습니다.

'대화가 통한다'는 것은 비유적으로 말하자면 **'톱니바퀴가 잘 맞물려 돌아간다'**는 뜻입니다.

대화는 톱니바퀴처럼 **동력을 전달해서 앞으로 나아가게 해야 합니다.** 업무를 '작업'과 '커뮤니케이션'으로 나눠서 생각해보면 영업이나 회의가 많은 매니지먼트 업무처럼 커뮤니케이션 양이 많은 직무를 하는 사람에게는 **'작업 효율'보다 '커뮤니케이션 효율'이 중요합니다. 커뮤니케이션 효율을 올려야 전체적인 업무 효율이 올라가기 때문이지요.**

따라서 짧은 시간에 대화를 잘 진행시켜서 일을 원활하게

돌릴 수 있느냐가 회사원의 능력을 평가하는 척도가 되기도
합니다.

**(A) 대화가 통하고 동력이 전달된다**
**(B) 대화가 통하지 않고 동력이 전달되지 않는다**

(A)의 비율이 늘고 (B)의 비율이 줄면 '커뮤니케이션 효율'
이 향상되었다고 볼 수 있습니다.

중요한 것은 '평상시에 회의나 협의를 할 때 상대방과 대화
가 잘 통하는가?', '준비한 자료가 소통에 도움이 되는 방향으
로 활용되고 있는가?'입니다.

자세한 내용은 다음 장 이후에 설명하겠지만 일단 이 두 가
지가 핵심이라는 사실을 알아두시기 바랍니다.


## 각자가 열심히 일해도
## 제자리걸음인 이유

톱니바퀴가 맞물리지 않으면 의미 없이 '헛도는 상태'가 됩
니다.

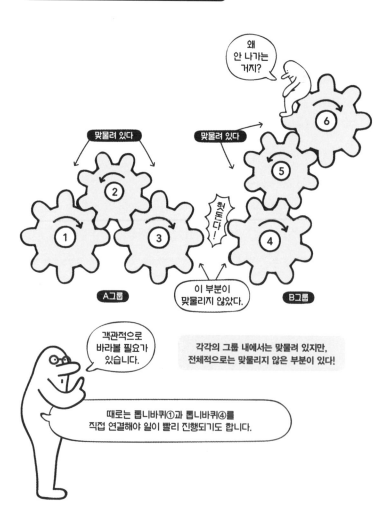

대화도 이와 마찬가지여서 조직 안에서 대화가 헛돌면 자연히 '커뮤니케이션 효율'도 떨어지게 되어 있습니다.

예를 들어 한 회사에서 전무, 상무, 부장, 과장 세 명, 담당자 네 명, 어시스턴트 세 명이 어떤 주제에 대해서 몇 번씩이나 회의를 거듭하고 있다고 해봅시다.

그런데 전무와 부장의 의견이 맞지 않습니다. 과장 세 명은 각자 담당자와 회의를 하고 어시스턴트에게 자료도 만들게 하면서 머리를 싸매고 회의를 거듭하고 있습니다.

각자가 모두 진지하게 협의를 하고 메일을 주고받으며 자료도 만듭니다. 각각의 톱니바퀴는 열심히 돌고 있습니다.

그런데 톱니바퀴가 너무 많아서 **맞물린 톱니바퀴도 있고 맞물리지 않은 톱니바퀴도 있는데 누구도 그 사실을 모른다고 해봅시다.**

이렇게 되면 조직 전체적으로 봤을 때는 '헛도는 상태'가 지속될 수밖에 없습니다.

사장이 "그 건은 어떻게 됐지?"라면서 경영 간부와 담당자에게 물어도 일에 진척이 없기 때문에 마땅히 할 말이 없습니다. **각각의 톱니바퀴는 맞물려 있어도 어딘가에 맞물리지 않은 부분이 있기 때문에 3개월이 지나도 4개월이 지나도 '헛도는 상태'만 계속 되겠지요.**

저 같은 외부 컨설턴트는 상황을 객관적으로 바라보기 때문에 어디에 문제가 있는지 금방 파악할 수 있습니다. 그래서 제가 "이번 건은 상무님과 과장님이 상의해서 결정하시면 될 것 같은데요?"라고 지나가는 말처럼 한 번 언급만 해주어도 단숨에 동력이 전달되고 일이 진행될 때도 있습니다.

경영자 입장에서는 "어째서 처음부터 그렇게 안 한 거야!"라고 호통을 치고 싶을지도 모르지만, 일을 진행하는 사람들 입장에서는 처음부터 그렇게 하기가 쉽지 않습니다.

설령 현장 담당자가 '이런 건 상사와 상의해서 쉽게 결정할 수 있는 일이잖아?'라고 생각하더라도 옆에서 조언하려면 상당한 용기가 필요하기 때문입니다.

## '대체 회의를 왜 한 걸까?' 하는 의문이 드는 이유

이런 일은 비단 기업에서만 일어나는 일이 아닙니다.

학교에서 어떤 학생이 문제를 일으켜서 여러 명의 보호자가 이에 대한 회의를 거듭하고 학교 측과 지역 사회의 주요인사, 교육위원회 사람까지 나와서 논의를 하는데도 문제가 해결되지 않는 경우가 있습니다.

그런데 난제로만 보이던 문제가 당사자인 학생과 담임선생님, 보호자, 교장선생님이 한 자리에 모여서 대화를 나누는 것만으로 금방 해결되기도 합니다.

이처럼 수차례의 회의를 허무하게 느끼게 하는 일이 우리 주위에서 자주 일어납니다.

가장 큰 문제는 조직 전체적으로 봤을 때는 '헛도는 상태'가 지속되고 있어도 각각의 톱니바퀴는 맞물려 있는 것처럼 보이기 때문에 **어디에 문제가 있고 누구에게 책임이 있는지가 잘 드러나지 않는다**는 사실입니다.

저는 기업 컨설팅을 할 때 객관적으로 전체를 파악하기 때문에 어디서부터 이야기가 어긋났는지를 금방 파악할 수 있습니다.

이것은 제가 외부인이기 때문에 가능한 일입니다.

하지만 솔직히 말하면 저 스스로도 제가 속한 조직에서 어긋난 부분을 찾기란 여간 어려운 일이 아닙니다. 저 자신도 제가 속한 조직 안에서는 하나의 톱니바퀴에 지나지 않기 때문에 넓은 시야로 전체를 내려다보기가 쉽지 않은 것이지요.

## '긴밀한 커뮤니케이션'에 존재하는 두 가지 '비밀'

직장 내에서 일어나는 다양한 문제를 해결하려면 커뮤니케이션을 활성화시켜야 합니다. 이 사실을 너무도 잘 아는 현대의 많은 기업들은 커뮤니케이션을 활성화시키기 위한 노력을 아끼지 않습니다.

예를 들어 어떤 회사에서 영업부와 생산관리부가 협력이 잘 안 되는 바람에 고객이 희망하는 납기일을 지키지 못하는 사태가 빈번하게 발생한다고 해봅시다.

이럴 때 경영진은 회의에서 다음과 같이 말할 겁니다.

"영업부와 생산관리부는 커뮤니케이션을 더 '긴밀'하게 하세요. 알겠습니까?"

이런 말을 들으면 각 부서의 책임자는 당연히 "알겠습니다. 커뮤니케이션을 더 '긴밀'하게 하겠습니다"라고 대답하겠지요.

하지만 대답은 그렇게 하더라도 커뮤니케이션을 '긴밀'하게 한다는 말의 정확한 의미를 모르면 아무런 소득을 거두지 못할 수도 있습니다.

애초에 많은 조직에서 구호처럼 외치는 커뮤니케이션을 '긴밀'하게 한다는 말은 무슨 뜻일까요?

긴밀하게 커뮤니케이션을 한다는 말에는 다음 두 가지 의미가 있다는 사실을 기억해야 합니다.

- **서로의 관계를 친밀하게 만든다**
- **어긋난 톱니바퀴를 맞물리게 한다**

이 두 가지 의미를 제대로 이해하고 있느냐 아니냐에 따라서 조직 내에서 발생하는 문제를 해결하기 위한 커뮤니케이션 방향이 크게 달라집니다.


## 톱니바퀴를 잘 돌리는 윤활유 '표면 커뮤니케이션'

'서로의 관계를 친밀하게 만드는 것'은 톱니바퀴를 매끄럽게 돌리기 위한 '윤활유'라고 생각하면 됩니다.

'영업부 사람들은 제멋대로야. 그들이 하는 말은 듣고 싶지 않아.'

'생산관리부는 고객에 대해서 아무것도 몰라. 말해봤자 소용없지.'

서로가 이런 불만을 가지고 있으면 대화의 기회를 만들어봤자 문제가 해결되지 않습니다. **감정적인 응어리가 있으면 무슨 말을 해도 통하지 않을 뿐더러 소통 자체가 불가능합니다.**

그래서 회사 측에서는 정기적으로 '회식'을 하거나 사내 이벤트를 통해서 서로의 관계를 양호하게 만들 기회를 제공해야 합니다.

이처럼 관계를 원활하게 하기 위한 대화를 **'표면 커뮤니케이션'**이라고 부릅니다.

'표면 커뮤니케이션'은 중요한 순간에 원활하게 소통하기 위해 미리 준비해야 할 보조수단입니다. 따라서 표면 커뮤니케이션을 할 때는 대화가 딱딱 맞물리지 않아도 상관없습니다. **실없는 잡담이나 편안하게 나눌 수 있는 대화가 오히려 좋습니다.**

"전무님이 커뮤니케이션을 '긴밀'하게 하라고 하셨죠?"

"일단 회식이라도 할까요?"

이런 식으로 가볍게 시작하면 됩니다.

영업부와 생산관리부에서 참가할 수 있는 인원을 모아서 정기적으로 회식 자리를 마련하는 것도 좋은 방법입니다.

"가끔씩 이렇게 회식을 하는 것도 괜찮네요."

"옛날에는 영업부랑 자주 회식을 했었는데 부서가 커지면

서 기회가 없어져서 아쉬웠어요."

"여러 가지 일이 있었지만 앞으로는 서로 협력합시다."

"그래요."

**'윤활유'를 정기적으로 발라줘야 하는 것처럼** '표면 커뮤니케이션'도 정기적으로 해야 합니다. 톱니바퀴가 잘 안 돌고 삐걱거리게 된 다음에는 윤활유를 아무리 발라도 소용이 없습니다.

여성들의 친목모임도 마찬가지입니다. 좋은 관계를 유지하려면 잡담을 할 기회를 정기적으로 가지는 것이 중요합니다.


## 대화를 진행시키는 '논리 커뮤니케이션'

'어긋난 톱니바퀴를 맞물리게 하기 위한 대화'를 **'논리 커뮤니케이션'**이라고 부릅니다. 논리적인 대화를 통해서 톱니바퀴를 맞물리게 하는 방법이지요.

어떤 문제를 해결하기 위한 커뮤니케이션에는 논리적인 요소가 있어야 합니다. **'논거'와 '결론'이 분명한 대화를 해야 문제**

를 **해결할 수 있기 때문**입니다.

앞선 예로 말하자면 영업부가 생산할 제품 사양을 생산관리부에 전하는 타이밍과 제품 사양에 변경이 있을 때 의논할 타이밍, 갑자기 다른 생산 요청이 들어왔을 때 생산관리부가 영업부에 의논할 타이밍 등, 누가 어느 타이밍에 어떤 대응을 할 것인가에 대한 규칙이 필요하고, 그 규칙대로 운영되고 있는지를 관리하는 시스템도 갖춰야 합니다.


## '표면 커뮤니케이션'과 '논리 커뮤니케이션'의 이상적인 비율

커뮤니케이션이 '표면 커뮤니케이션'과 '논리 커뮤니케이션' 중 어느 한쪽으로만 치우치면 조직이나 집단이 제대로 돌아가기 어렵습니다.

어떤 문제가 생겼을 때 어떻게 조정할 것인지 세세하게 정하지 않고 회식 자리에서만 커뮤니케이션을 나누면 문제를 해결할 수 없습니다.

따라서 '논리 커뮤니케이션'을 '수시'로 해야 합니다. 하지만 항상 대화의 아귀를 딱딱 맞추려고 신경을 쓰다 보면 피로가 쌓입니다.

업무 방침만 늘어놓는 사장, 업무적인 지시만 내리는 상사와 부하직원의 관계는 삐걱대기 마련이지요.

양쪽 모두 중요하기 때문에 **'표면 커뮤니케이션'과 '논리 커뮤니케이션'을 돌아가면서 수시로** 하는 것이 좋습니다.

이상적인 비율은 '8 : 2', 혹은 '9 : 1'입니다.

이것은 직장에서나 가정에서나 똑같이 적용됩니다. 의미 없는 수다를 떨거나 세상 돌아가는 이야기를 하는 자리가 익숙하지 않더라도 주변사람들과 의식적으로 커뮤니케이션을 해봅시다.

# 대화가 '통하지 않는 정도' 파악하기

**2**

요주의 인물과 제대로 대화하려면 그들의 특성을 파악하고
대화에 앞서서 마음의 준비를 하는 것이 중요합니다.
하지만 항상 대화가 딱딱 들어맞는다고 무조건 좋은 것은 아닙니다.
중요한 것은 상대와의 관계가 무너지지 않도록
보폭을 조절하면서 대화의 주도권을 잡는 것입니다.

## 상담을 피해야 할 '요주의 인물'의 세 가지 특징

누군가에게 '고민을 털어놓고 싶다'거나 '상담을 하고 싶다'는 생각이 든다면 먼저 대화하려는 상대가 말이 통하는 사람인지 아닌지부터 고려해야 합니다.

말이 통하는 사람이라면 그다지 고민할 필요 없이 솔직하게 대화를 시작하면 됩니다. 하지만 상대가 말이 통하지 않는 요주의 인물이라면 **사전 준비를 하거나 어떻게 이야기를 진행시킬지를 궁리해야 합니다**(혹은 처음부터 상담을 하지 않는 편이 차라리 나을지도 모릅니다).

앞에서 말한 것처럼 말이 통하지 않는 상대는 '외국인'이라고 생각하고 대해야 합니다.

그러면 말이 통하지 않는 '요주의 인물'이란 어떤 사람을 말하는 걸까요? 요주의 인물의 특징을 세 가지로 요약해보겠습니다.

① **나와 처한 환경이나 입장이 확연히 다른 사람**
② **실생활에서의 접점이 거의 없는 사람**
③ **본인이 남보다 위에 있다고 생각하는 사람**

이런 사람들의 특징을 하나씩 살펴보자면 다음과 같습니다.

### ① 나와 처한 환경이나 입장이 확연히 다른 사람

: 대화가 통하지 않는 요주의 인물①

소통을 위해서 선결되어야 할 조건은 대화의 핵심이 되는 '지식'을 서로 공유하는 것입니다.

그러나 예를 들면, 대학을 졸업하자마자 결혼해서 사회생활을 한 번도 경험한 적이 없는 전업주부와 야근을 밥 먹듯이 하는 데 익숙한 커리어우먼은 같은 여성이라도 서로 처한 환경이 다르기 때문에 대화가 통하지 않는 경우가 많습니다. **성별이 다르고 나이 차이가 많으면** 더욱 소통이 어렵겠지요.

### ② 실생활에서 접점이 거의 없는 사람

: 대화가 통하지 않는 요주의 인물②

주로 온라인에서만 어울리고 '실생활에서는 접점이 적은 사람'과는 대화가 통하지 않을 수밖에 없습니다. 살다 보면 트위터나 페이스북 등 SNS를 통해서 친해진 사람에게 고민을 상담하고 싶을 정도로 친근감을 느끼는 경우도 있을 겁니다.

하지만 앞에서 말한 것처럼 소셜 미디어로만 알고 지내는 사이라면 서로의 입장이나 환경을 정확하게 공유하기 어렵기 때문에 실제로 대화해보면 통하지 않을 가능성이 높습니다.

이메일이나 메시지 위주로 대화하다 보면 아무래도 **'말을 생략'**하게 되고, 대화에 **'시차'**가 생기기 때문입니다.

직접 만나서 대화하면 세세한 뉘앙스를 전달할 수 있고, 자신의 말실수를 즉시 정정할 수도 있습니다. 혹시 상대방이 오해하고 있는 부분이 있다면 곧바로 풀 수도 있겠지요.

그런데 온라인에서만 대화를 하다 보면 '세밀한 조정'을 할 수 없기 때문에 오해가 오해를 낳고 이야기가 꼬이는 경우가 많습니다.

그렇기 때문에 실시간으로 대화를 조정하기 어려운 매체를 이용해서 민감한 상담을 하는 일은 피해야 합니다.

온라인에서만 알고 지내는 사람과 꼭 상담을 하고 싶다면, 전화나 영상통화를 이용하는 등 서로 목소리라도 들을 수 있는 시스템을 활용하는 것이 좋습니다.

### ③ 본인이 남보다 위에 있다고 생각하는 사람

: 대화가 통하지 않는 요주의 인물③

자신이 남들보다 높은 위치에 있다고 생각하는 사람, 항상 남의 이야기를 위에서 내려다보듯이 들으려고 하는 거만한 사람은 특히 주의해야 합니다.

이런 이들은 **이야기를 반만 듣고 '지레짐작'하며 자기 생각을 강요**하려는 성향이 있기 때문입니다.

"사양할 거 없어. 나한테 뭐든지 상담하라고."

이렇게 명령조로 말하는 사람과는 될 수 있으면 상담을 피해야 합니다.

상담해서 조언을 얻을 수는 있겠지만, 그 사람의 조언을 따르지 않으면 일이 복잡해지거나 괜한 분란만 생길 수 있으니 말입니다.


## '말의 표면적인 의미만 파악하고 반응하는 사람' 구분법

앞에서 든 요주의 인물의 세 가지 특징은 주로 그 사람에게 주어진 환경과 놓인 입장, 성격적인 속성에 따라서 나눈 것인데, 이외에도 대화할 때의 버릇이나 '화법'에 따라서도 몇 가지로 나눌 수 있습니다.

이제 화법에 따른 요주의 인물의 유형과 구별법을 알려 드리겠습니다.

첫 번째 요주의 인물은 말의 '표면' 즉, 겉으로 드러난 부분만 받아들이고 아무 생각 없이 반응하는 사람입니다.

| | |
|---|---|
| 부하직원 | "실적이 안 좋아서 대책을 강구해야 할 것 같습니다." |
| 상사 | "그러게. 어떤 대책을 세울까?" |
| 부하직원 | "아무래도 잘 팔리는 상품을 개발해야 할 것 같아요." |
| 상사 | "좋았어, 잘 팔리는 상품을 개발하자고." |
| 부하직원 | "하지만 그러기 위해서 먼저 개발 비용을 확보해야 합니다." |
| 상사 | "알겠네. 개발 비용부터 확보하자고." |
| 부하직원 | "그런데 사장님이 개발비를 구하려면 자금 흐름부터 원활하게 해야 한다고 그러시던데요?" |
| 상사 | "그렇지. 먼저 자금 흐름을 원활하게 해야지." |
| 부하직원 | "그러기 위해서는 수익을 올리는 일이 중요할 것 같습니다." |
| 상사 | "맞아. 수익을 올리자고. 그렇게 해. 그게 가장 좋겠어." |

이처럼 **'단어'에만 구애되어서 아무 생각 없이 반응**하는 사람

이 의외로 많습니다.

이런 이들은 남의 말을 건성으로 듣는 것처럼 보이기 때문에 무책임하고 성실하지 못한 인상을 줍니다.

저는 현장에 뛰어들어 컨설팅을 하는 입장이기 때문에 이런 중간 관리직과 대화를 하다 보면 아무 진전이 없어서 종종 답답함을 느끼게 됩니다.

| | |
|---|---|
| 나 | "부하직원의 행동이 전혀 변하지 않았더군요." |
| 부장 | "그러게 말이에요. 행동이 도통 변하지를 않아요." |
| 나 | "행동을 변화시키라고 말씀해주세요." |
| 부장 | "네, 행동을 변화시키라고 전하겠습니다." |
| 나 | "어떤 식으로 전하실 건가요?" |
| 부장 | "글쎄요. 어떻게 하면 좋을까요?" |
| 나 | "직접 만나서 강한 어조로 말씀하시는 게 좋을 것 같습니다." |
| 부장 | "알겠습니다. 직접 만나서 강한 어조로 말할게요." |
| 나 | "하지만 부하직원들이 다들 해외에 나가 있지 않나요?" |
| 부장 | "맞아요. 해외에 있죠." |
| 나 | "6개월에 한 번 정도밖에 못 만나시죠? 그런데 어 |

떻게 직접 만나서 말씀하신다는 거죠?"

부장　　"그러고 보니 그러네요. 어떻게 직접 만나야 할까
　　　　요?"

이처럼 깊이 생각하지 않고 말의 표면만 받아들이는 사람인
지 아닌지를 알기 위해서는 **육하원칙 등을 이용해서 '오픈 퀘
스천(open question)'으로 질문**하면 됩니다.

말의 표면만 듣는 사람은 '클로즈드 퀘스천(closed question)'
으로 물어보면 'Yes' 혹은 'No'로 대답하지만, '오픈 퀘스천'
으로 질문하면 곧장 '어떻게 해야 좋을까요?'라고 질문에 대
답을 하는 대신에 또 다른 질문을 해옵니다. 깊이 생각하는 습
관이 없기 때문입니다.

## '필요 이상으로 확대해석해서 반응하는 사람' 구분법

위에서 이야기한 것처럼 말의 표면적인 의미만을 파악하고
반응하는 사람이 있는가 하면 정반대인 사람도 있습니다.

이제 상대방이 하는 말을 필요 이상으로 어렵게 받아들여서

일을 복잡하게 만드는 사람의 특징을 살펴봅시다.

고민 상담을 할 때는 괜찮을지 몰라도 **가벼운 잡담을 나누고 있는데 필요 이상으로 진지해지는 사람**이 있습니다.

A    "지난번에 신입사원 C가 기분이 상당히 안 좋아 보였는데, 이삼일 지나니까 괜찮아졌는지 평상시처럼 활발하게 잘 웃더라고."

B    "기분이 안 좋아 보였다고? 며칠 전에?"

A    "응."

B    "왜 그랬는지 원인은 찾았어?"

A    "원인?"

B    "응, 대충 넘어가면 안 되는 거 아냐?"

A    "그래?"

B    "기분이 안 좋았던 원인을 제대로 알아둬야지. 큰 문제가 생기고 나서 해결하려고 하면 늦어."

A    "그럴 필요가 있을까? 평소에도 C랑 자주 어울리는데 가끔 그럴 때가 있어."

B    "만약에 회사 내에서 무슨 문제가 있어서 소송으로 발전하면 회사 쪽에 승산이 없다니까?"

A    "농담도. 소송은 무슨 소송?"

B     "요즘 애들은 무슨 생각을 하는지 알 수가 없어서 조
            심해야 돼."

A는 지나치게 심각하게 반응하는 B 때문에 난처해하고 있
습니다. 이처럼 가벼운 잡담에 **필요 이상으로 과잉 반응하는
사람은 인간관계를 악화시킬 우려가 있습니다.**
   '그 사람과 대화하는 건 즐겁지 않다'는 낙인이 찍힐지도 모
릅니다.
   뭐든지 확대해석하는 사람은 불필요한 타이밍에 "언제?",
"누가?", "뭘?", "어디서?", "어떻게?", "왜?"라고 질문을 쏟아
붓습니다. 이처럼 일을 복잡하게 생각하고 깊이 파고들면 귀
찮은 사람이라는 평가를 받기 십상입니다.
   상대가 가볍게 잡담을 해오면 재치 있게 받아넘기는 것이
좋겠지요.
   아마도 A는 B에게 다음과 같은 반응을 기대했을 겁니다.

A     "지난번에 신입사원 C가 기분이 상당히 안 좋아 보
            였는데, 이삼일 지나니까 괜찮아졌는지 평상시처럼
            활발하게 잘 웃더라고."
B     "진짜? 다행이네."

| A | "그러니까 말이야. 왜 그랬는지는 모르겠지만." |
|---|---|
| B | "나도 얼마 전에 남자친구 전화를 받고서 기분이 확 나빠졌었어." |
| A | "왜? 그렇게 사이가 좋아 보이더니." |
| B | "있잖아, 내 얘기 좀 들어줄래?" |
| A | "응, 얘기해봐." |

이야기가 '엉뚱한 방향'으로 흘러갔습니다.

B는 A의 이야기를 가볍게 받아넘기고 '기분이 나쁘다'는 말에서 연상되는 자기 이야기를 시작한 것입니다.

가벼운 잡담을 하는 중이기 때문에 이야기가 엉뚱한 방향으로 흘러가는 편이 오히려 자연스럽고 좋습니다.


## '구구절절 이야기보따리를 풀어내는 사람' 구분법

앞에서도 설명했듯이 커뮤니케이션은 크게 잡담 등 친목을 위한 '표면 커뮤니케이션'과 어떤 문제를 해결하기 위한 '논리 커뮤니케이션'으로 나눌 수 있습니다.

**표면 커뮤니케이션을 할 때는 상대의 관심을 끌기 위해서 스토리 형식의 화법으로 분위기를 고조시킬 수도 있습니다. 스토리 형식이란 이야기를 시간 순서에 따라서 풀어내는 방식입니다.**

A    "이번에 우리 회사로 이직한 사람이 대학시절 선배인 거 있지?"

B    "진짜?"

A    "선배랑 축구부에서 센터백 포지션을 놓고 경쟁했었거든? 그 선배는 발이 빨랐는데 체력은 내가 더 좋았지. 그래서 내가 2학년 때 선배를 밀어내고 주전 자리를 차지했어."

B    "그랬구나."

A    "그 후로 1년 이상 선배가 주전에 복귀를 못했는데, 선배는 4학년이 되기 전에 축구부를 탈퇴하더니 대학까지 중퇴한 거 있지?"

B    "뭐? 대학까지?"

A    "그렇다니까? 연극인가 뭔가를 한다고 극단에 들어갔어. 그 후로 몇 년 뒤에 소문을 들었는데, 극단도 얼마 안 되서 그만뒀대. 지금은 평범하게 회사에 취

직해서 결혼하고 아이가 둘 있다고 들었어."

B    "그렇구나."

A    "설마 그 선배가 우리 회사에 들어올 줄이야."

B    "네 입장만 난처해진 거 아냐?"

A    "그거야 그렇지. 대학교 때 같은 포지션을 두고 경쟁
했던 데다가 선배였으니까. 얼마 전에 회사에서 10년
만에 대면했는데, 엄청 어색하더라."

B    "그래도 회사에서는 네가 선배잖아?"

A    "그렇지. 회사에서는 같은 자리를 두고 경쟁할 일도
없고, 모처럼 다시 인연이 닿았으니까 도울 수 있는
일은 적극적으로 도우려고."

A와 B의 대화는 전형적인 잡담 즉, 표면 커뮤니케이션입니
다. 이들은 어떤 문제를 해결하기 위해서 대화를 나누는 것이
아니지요.

그렇기 때문에 A 이야기의 논점, 즉 '선배를 도울 수 있는
일이 있다면 적극적으로 돕겠다'는 말이 긴 대화의 마지막에
등장해도 큰 문제는 없습니다.

하지만 **논리 커뮤니케이션을 할 때는 스토리 형식으로 이야
기해서는 안 됩니다.** 상대방에게 이야기의 논점이 제대로 전

달되지 않기 때문입니다.

다음 대화를 보시기 바랍니다.

**상사** "X사의 부장과 처음으로 만난 건 아마 3년 전 마쿠하리 멧세에서 열린 박람회 때였을 거야. 자네도 그 이벤트에 참가했었나?"

**부하직원** "아니요, 다른 부서에 있었을 때라서요."

**상사** "그런가? 그 박람회는 정말 큰 이벤트였어. 사장님이 신규 사업을 크게 키우고 싶다고 하셔서 거액을 투자하기로 결정한 해였지."

**부하직원** "그렇군요."

**상사** "나는 당시에 있던 부서에서 여섯 명의 동료들과 함께 5개월 넘게 열심히 준비했는데, 그 이벤트를 기획한 광고 대리점의 실수로 관람객이 예상보다 훨씬 적게 왔지 뭐야."

**부하직원** "정말요?"

**상사** "그래서 박람회 분위기가 영 안 좋았어. 각 기업의 부스도 한산했고. 나는 동료들이랑 아침부터 계속 전화통을 붙들고 사람들을 불러 모으려고 했는데 반응이 별로 안 좋았지."

| 부하직원 | "엄청 고생하셨겠네요." |
|---|---|
| 상사 | "말도 못 할 정도였지. 그렇게 썰렁한 박람회에 와준 사람이 X사의 담당 부장이야. 그래서 기억에 더 남는 것 같아." |
| 부하직원 | "네……." |
| 상사 | "그 부장한테서 연락이 왔어. 이번 거래를 어떻게든 순조롭게 진행시키고 싶다며 말이야. 그런데 담당자인 자네의 대응 속도가 느리다고 하더군. 아까도 말했듯이 분위기가 축 처진 박람회에 찾아와 준 유일한 고객이 X사라고. 그러니까 나는 아주 잘해주고 싶단 말이지." |
| 부하직원 | "그 박람회를 기획했던 광고 대리점이 어딘가요?" |
| 상사 | "뭐?" |
| 부하직원 | "혹시 Z사였나요?" |
| 상사 | "그게……. 어디 대리점이었더라?" |
| 부하직원 | "대기업이었어요?" |
| 상사 | "음……. 아마도 대기업이었던 것 같은데……." |
| 부하직원 | "그러면 Z사였을 것 같네요. 사실 제가 짚이는 데가 있어서요. 전에 일했던 회사에서도 이벤트 |

를 열었는데, 파리만 날린 적이 있거든요."

**상사** "그랬군. 뭐, 그건 그렇다 치자고. 내가 자네한테 무슨 말을 하고 싶은지는 이해했지?"

**부하직원** "네? 뭐가요?"

'X사와의 거래를 빨리 진행했으면 한다'는 것이 이야기의 핵심 부분 즉, '논점'입니다. 이것을 우선적으로 전달해야 할 상사는 X사와의 거래에 대한 자신의 애정을 '스토리 형식'으로 구구절절 풀어내는 바람에 부하직원에게 자신의 의도를 제대로 전달하지 못했습니다. 그뿐만 아니라 부하직원은 자기 입장에서 관심이 더 많은 주제로 이야기를 돌리기까지 했습니다.

논리 커뮤니케이션을 할 때는 이야기를 흥미진진하게 만들려는 서비스 정신은 필요 없습니다.

자신의 현재 심정을 이해해줬으면 하는 바람에서 모든 스토리를 말하고 싶어 하는 것도 이해는 가지만, 그런 기분을 꾹 누르고 **'결론'**을 우선적으로 말해야 합니다. 결론이 이야기의 핵심이기 때문이지요.

특히 일본어는 영어와 달리 수식어구와 수식절이 핵심 '명사' 앞에 위치합니다. 한 문장 안에서도 결론이 마지막에 오는 일본어 특유의 구조를 생각한다면, 의식적으로라도 **'전달해야 하는 논점을 짧은 문장으로 만들어서 이야기 앞에 두는 연습'**을 해야 합니다.

대화가 안 통하는 상대와 이야기할 때는 상대방을 '외국인' 이라고 생각하고 문장에 더욱 신경을 쓰는 것이 좋습니다. 구체적인 방법은 뒤에 소개하는 '홀-파트-홀 전달법'을 참고하시기 바랍니다(112쪽).

## 주의 깊게 듣는 '경청(傾聽)'과 흘려듣는 '경청(輕聽)'

다른 사람의 말을 끝까지 듣지 않고 단정적인 말투로 무조건 부정하려 드는 사람이 있습니다. 선입견이 강하기 때문입니다.

선입견이 강한 사람은 남의 이야기를 주의 깊게 듣지 않고 가볍게 흘려듣는 경향이 있습니다. 열심히 귀를 기울여 듣는 '경청(傾聽)'이 아니라 대충 흘려듣는 '경청(輕聽)'을 하는 것이지요.

다음 대화를 읽어보시기 바랍니다.

| A | "근성만 있다고 되는 건 아니지만 최소한의 근성은 필요하지." |
|---|---|
| B | "그렇지. 근성으로 일을 해결하겠다는 발상 자체가 낡았다고 생각해. 그야 뭘 하든지 근성이 필요하겠지만, 모든 걸 근성으로 해내겠다는 건 말도 안 되지." |

결국 A와 B의 주장은 같습니다. '최소한의 근성은 필요하지만 근성만으로 되는 건 아니다'는 것이지요.

그럼에도 불구하고 B는 A의 주장을 부정하듯이 말하고 있습니다. B가 A의 말을 주의 깊게 듣지 않고 '경청(輕聽)'했기 때문입니다.

그래서 두 사람이 서로 다른 주장을 한 것처럼 되었습니다. A는 내 말이 그 말이라면서 반박하고 싶을 겁니다.

이처럼 다른 사람의 말을 **'경청(輕聽)' 하는 사람은 상대방의 말뿐만 아니라 상대방의 존재 자체도 가볍게 여기는** 경향이 있습니다. 상대방과 제대로 마주하지 않고 그 입장에서 생각하려 하지 않는 것이지요.

잡담을 하는 자리라면 "그러니까 내 말이 그 말이래도" 하면서 웃고 넘길 수 있겠지만 논리 커뮤니케이션을 하는 중요한 자리에서는 상대의 말을 흘려들어서는 안 됩니다.

| 부하직원 | "새로운 상품을 개발해도 매상이 안 오르네요. 판매력을 더 높여야 할 것 같습니다." |
|---|---|
| 상사 | "무슨 소리야? 지난번에도 젊은 경리 사원이 '새로운 상품이 나왔는데도 전혀 매상이 안 오릅니다. 어째서 더 잘 팔리는 상품을 개발하지 않는 겁니까?'라고 불평을 하던데, 둘 다 뭘 모르는군. 안 팔리는 이유를 곧바로 상품 탓으로 돌리는 건 말도 안 되지. 어째서 판매력을 더 높이려는 발상을 못하는 건지 원!" |

상사는 부하직원의 말을 전혀 듣지 않았습니다. '새로운 상품', '매상이 오르지 않는다'는 말만 듣고 흥분해서 즉각적으로 반발한 것이지요.

이처럼 남의 말을 건성으로 듣는 요주의 인물과 대화할 때는 사전 준비를 하거나 어떤 식으로 말을 전달할지 고민해야 합니다.

오해의 소지를 없애기 위해서 **자료를 준비**하면 더욱 좋습니다.

| 부하직원 | "과장님, 이번 분기에는 반드시 판매력을 높여 |
|---|---|

야 할 것 같습니다. 이 자료를 좀 보시죠. 신제품이 나왔는데 제품의 판매 포인트를 정확하게 아는 판매원 수가 전체의 30퍼센트도 안 됩니다. 실제로 현장에 나가서 조사해봤더니, 신제품을 적극적으로 손님에게 소개하는 판매원이 몇 명 안 됐습니다. 그러니까 다시 한 번 판매력을 높일 방법을 생각해봐야 할 것 같습니다. 이번 분기 판매량이 늘지 않고 있으니까 말이죠."

이렇게 **수치가 나와 있는 데이터 등의 논거를 들어서 자신의 주장을 반복**하면 효과적입니다. '판매력을 높여야 한다'고 몇 번씩 강조하는 것이지요.

이렇게 하면 상사도 대충 흘려들을 수가 없어집니다. "맞아, 그렇지. 나도 전부터 그렇게 생각했어" 하면서 동의하겠지요.

이야기를 끝까지 듣지 않는 상대의 성향을 제대로 파악해서 충분한 사전 준비를 해놓으면 대화로 인한 스트레스를 줄일 수 있습니다.

## 대화를 어긋나게 만드는
## '3종 세트'

**'사람'**, **'커뮤니케이션 매체'**, **'내용'**이 때로는 소통을 방해하는 '3종 세트'로 전락하기도 합니다.

먼저 '사람'은 앞에서 반복적으로 이야기했던 '요주의 인물'을 말합니다.

'커뮤니케이션 매체'는 이메일이나 SNS 등 일방통행을 부추기는 매체를 말하는 것이지요.

그리고 '내용'은 '대화의 내용'을 뜻하는데, **대화 내용이 복잡하거나 꼬여 있으면 상대방이 '지레짐작'**하고 넘어갈 가능성이 높습니다.

예를 들어 다음과 같은 경우입니다.

'실적이 좋아서 모든 직원의 월급을 10퍼센트 인상한다'

이런 간단한 내용이라면 누군가가 오해하거나 잘못된 소문을 퍼트릴 일이 거의 없을 겁니다.

그렇다면 다음의 경우는 어떨까요?

'실적이 좋아서 모든 직원의 월급을 10퍼센트 인상한다. 단, 기술직 중에서 관리자 수당을 받는 사람은 평가 항목에 따라서 인상률이 변동된다. 또한 기술직이 된 지 2년이 안 된 사람

은 제외한다'

이렇게 말하면 사람들이 다음과 같이 '지레짐작'할 가능성이 높아집니다.

"기술직만 월급 인상이 없대."

"기술직이 된 지 2년 된 사람은 월급 인상이 없는 건가? 뭔가 이상하군."

"나는 경리지만 이미 관리자 수당을 받고 있으니까 평가 항목에 따라서 인상되겠네."

'급여'처럼 많은 사람들이 관심을 가지는 내용이라면 '결국 누가 10퍼센트 인상을 받고 누가 못 받는지 잘 모르겠으니까 다시 한 번 설명해달라'면서 정확히 확인하려는 사람이 많을 겁니다. 민감한 부분이기 때문에 누구나 잘못된 커뮤니케이션을 피하고 싶겠지요.

그렇다면 영업사원이 상품을 판매하는 경우는 어떨까요?

**영업사원**　"이번에 소개해드릴 상품A는 앞서 발매된 상품보다 가격이 20퍼센트 올랐고, 상품B는 가격을 동결했습니다. 다만, 지금까지 당사 상품을 2년 이상 사용해주신 분들께는 옵션C를 달아서 일률적으로 30퍼센트를 할인해 드립니다. 옵션C

의 가격도 올랐지만 캠페인 기간에는 거의 공짜나 다름없습니다. 왜냐하면 옵션을 세트로 하시면 상품A의 가격은……."

영업사원이 이렇게 이야기하면 고객은 이 상품에 어지간히 관심이 있지 않은 이상 '리스닝' 의식 없이 대충 듣게 마련입니다.

따라서 '지레짐작'할 가능성이 높습니다.

'이번 상품이 저번보다 20퍼센트나 비싸졌다고?'

'가격이 오른 데에다 옵션까지 더해야 한다니, 엄청나게 비싼 느낌인데…….'

이렇게 생각하겠지요.

얼굴을 마주하고 대화하면 표정이나 태도로 상대방이 오해하고 있다는 사실을 쉽게 알아차릴 수 있습니다.

고객이 오해하는 것 같으면 영업사원은 "당사 상품이 상당히 저렴해졌다는 사실을 아시겠습니까?"라고 질문함으로써 오해를 풀 수 있습니다.

"저렴해졌다고요? 반대로 비싸진 거 아닌가요? 20퍼센트나요."

고객이 이렇게 물으면 "제 설명이 부족했나 보네요. 죄송합니다. 다시 설명해 드릴게요" 하면서 만회할 기회를 얻을 수 있지요.

그런데 만약 앞의 내용을 이메일로 보냈다면 어떨까요? 상대방이 요주의 인물이라면 '리딩' 의식이 낮기 때문에 꼼꼼하게 정독해주기를 기대하기는 어렵습니다.

'결국 그거군. 20퍼센트나 비싸졌으니까 옵션으로 속이려는 거겠지. 이 회사와는 더 이상 거래를 하지 말아야겠어.'

상대방이 이렇게 오해하게 되면 상황을 되돌릴 수가 없습니다.

**전달하고자 하는 '내용'을 가능한 심플하게** 해야 상대를 제대로 이해시킬 수 있습니다. '요주의 인물'에게 '이메일'로 '복잡한 내용'을 전달하는 불통의 3종 세트만은 반드시 피하기를 바랍니다.


## 거의 '100퍼센트 확률'로 대화가 통하지 않는 경우


오해를 부르는 '3종 세트'에 해당하지 않더라도 거의 100퍼센트 확률로 대화가 어긋나는 경우도 있습니다.

'**전달하는 사람**'과 '**전달받는 사람**' 사이에 '**타자**'를 개입시키면 틀림없이 이런 일이 일어납니다.

이때 '타자'가 '요주의 인물'이고, 개입하는 인원이 많아지면 대화가 밑도 끝도 없이 엉뚱한 방향으로 흐르게 됩니다.

톱니바퀴 A와 톱니바퀴 B를 맞물리게 하기 위해서 새로운 톱니바퀴 C와 톱니바퀴 D를 사이에 넣으면 어떻게 될지 상상해 보시기 바랍니다.

톱니바퀴 C와 톱니바퀴 D의 크기와 회전 속도가 다르거나 어딘가에서 '헛돌기 시작'하면 아무리 시간이 흘러도 톱니바퀴 A와 톱니바퀴 B는 맞물리지 못합니다.

A     "왜 자료를 제출 안 하는 거야? 이번 주 안에 제출하라고 했는데."

B     "네? 무슨 말씀이세요?"

A     "지난주 회의 때 얘기한 내용 말이야. C한테 못 들었어?"

B     "그 자료를 제가 만드는 거였어요? 그런 얘기는 처음 듣는데요?"

A     "C, 제대로 전달 안 했어?"

C     "아니요, 확실히 전달했습니다."

**중간에 다른 사람이 끼면 대화가 어긋난다**

B    "무슨 소리야? 언제 말했다고 그래? 자료를 만들어
야 된다는 얘긴 들었지만, 내가 그 자료를 만들어야
된다고 했다고?"

C    "네, 아마도요……. 말했던 것 같은데……."

B    "뭐? 난 그런 소리 들은 적 없다고!"

C    "어, 그게, 그러니까……. 사실 B선배가 그 자료를 작
성해야 한다는 얘기는 저도 지금 처음 들은 것 같습
니다.

B    "뭐?"

A    "이봐, 자네들. 대체 뭐가 어떻게 돌아가는 거야!"


이런 상황을 비유하자면, 음악이 나오는 헤드폰을 낀 상대
에게 큰소리로 말을 전달하는 '고요 속의 외침 게임' 같다고
할 수 있습니다. 악의는 없다고 하더라도 자기도 모르게 말을
생략하거나 왜곡해서 전달하게 되는 것이지요.

따라서 **웬만하면 '다른 사람'을 중간에 개입시키는 일은 피해
야** 합니다.

'신입사원이 갑자기 거래처 사장을 상대하기는 어려울 거
야. 부장님께 부탁해서 중간다리 역할을 해달라고 할까?'

이렇게 신뢰 관계를 구축하지 못한 상대와 대화를 하기 위

해서 이미 관계를 맺고 있는 사람의 힘을 빌리는 것은 유용한 방법입니다. 하지만 이것은 응용 기술이지요.

**맞물리지 않은 톱니바퀴는 기본적으로 직접 맞물리게 만들어야 합니다.**


## 자신의 대화력을 체크하는 네 가지 포인트

지금까지 대화가 안 통하는 요주의 인물들의 특징을 살펴보았습니다.

요주의 인물과 제대로 대화하려면 그들의 특성을 파악하고 대화에 앞서서 마음의 준비를 하는 것이 중요합니다.

하지만 항상 대화가 딱딱 들어맞는다고 무조건 좋은 것은 아닙니다. 중요한 것은 **상대와의 관계가 무너지지 않도록 보폭을 조절하면서 대화의 주도권을 잡는 것**입니다.

이제 자신이 어느 정도의 '대화 적응력'을 가지고 있는지 다음 네 가지 특성을 중심으로 확인해보시기 바랍니다.

대화 적응력을 재는 네 가지 척도는 **'완고한 정도', '흐리멍덩한 정도', '느린 정도', '유연한 정도'**입니다.

'대화가 잘 통하는지를 올바로 인지할 수 있는가?'와 '상대에게 얼마나 맞춰줄 수 있는가'에 따라서 네 가지 유형으로 분류할 수 있습니다.

### ① 완고하다
- 대화가 잘 통하고 있는지 인지할 수 있는가? → ○
- 상대방에게 맞춰줄 수 있는가? → ×

### ② 흐리멍덩하다
- 대화가 잘 통하고 있는지 인지할 수 있는가? → ×
- 상대방에게 맞춰줄 수 있는가? → ○

### ③ 느리다
- 대화가 잘 통하고 있는지 인지할 수 있는가? → ×
- 상대방에게 맞춰줄 수 있는가? → ×

### ④ 유연하다
- 대화가 잘 통하고 있는지 인지할 수 있는가? → ○
- 상대방에게 맞춰줄 수 있는가? → ○

# 융통성이 없다

## : 대화 적응력① '완고한 사람'

이제 각각의 '대화 적응력'에 대해서 설명하겠습니다.

먼저 '완고한 유형'의 사람부터 살펴봅시다.

다음 대화문은 말이 통하지 않는 요주의 인물인 영업부장과 완고한 부하직원의 대화입니다. 부하직원의 대응 방식에 주목하면서 대화문을 읽어보시기 바랍니다.


영업부장　"역시 요즘 애들은 따끔하게 혼을 내야 된다니까. A는 도대체 말이 안 통해."

부하직원　"부장님, 잠깐만요. 지난번에는 끈기 있게 계속 얘기하면 A도 반드시 알아줄 거라고 하셨잖아요."

영업부장　"내가 언제? 난 처음부터 따끔하게 혼내야 된다고 했지."

부하직원　"그런 말씀 안 하셨어요. 처음에는 잘 얘기하면 알아들을 거라고 말씀하셨죠."

영업부장　"뭐라고? 옆 부서의 B도 내 덕에 정신 차린 거 몰라?"

| 부하직원 | "옆 부서의 B 씨요? 그 분은 은행에서 온 간부 후보라서 입사했을 때부터 남달랐잖아요. 게다가 B 씨는 벌써 마흔인데 요즘 애들은 아니죠." |
|---|---|
| 영업부장 | "계속 그렇게 말꼬리 잡고 늘어질 텐가?" |
| 부하직원 | "부장님이라서 지금까지 조심스러워서 말 못하고 참았는데, 이참에 말씀드릴게요. 부장님은 일관성이 없어요. 그러니까 신입사원 A도 말을 안 듣는 거라고요." |
| 영업부장 | "뭐? 그게 내 탓이라는 거야?" |

**이야기가 중간에 딴 데로 빠지거나 상대의 말에 논리적인 오류가 있으면 그것을 바로 잡고 싶어 하는 사람**은 '완고한 유형'에 속합니다.

이 부하직원은 논리적 사고 능력은 뛰어날지 몰라도 유연성이 없기 때문에 대화의 논점에 집착하면서 계속 고집스러운 태도를 보이고 있습니다. 이런 사람은 타인과 **원만한 관계를 구축하기 어렵습니다.**

# 아무 생각 없는 사람으로 통한다

## : 대화 적응력② '흐리멍덩한 사람'

다음으로 '흐리멍덩한 유형'의 사람을 살펴보겠습니다.

**영업부장**　"역시 요즘 애들은 따끔하게 혼을 내야 된다니까. A는 도대체가 말이 안 통해."

**부하직원**　"그렇군요. 역시 A한테는 따끔하게 얘기하는 게 나을까요?"

**영업부장**　"그래. 난 말이지 처음부터 그럴 줄 알았다고. 이제 할 말은 해야지."

**부하직원**　"그러네요. 할 말은 해야죠."

**영업부장**　"옆 부서의 B도 내 덕에 정신 차렸다니까?"

**부하직원**　"정말요? B 씨도 부장님 덕에 정신 차린 거였어요?"

**영업부장**　"그나저나 4월에 시작된 조직개혁 프로젝트 리더가 자네였나?"

**부하직원**　"네, 제가 프로젝트 리더예요."

**영업부장**　"거기서도 A에 대해서 논의하고 있다고? 그런 프로젝트는 당장 때려 치우는 게 나아. A도 내

가 따끔하게 얘기만 하면 정신 차리고 열심히
일 하게 될 테니까."

부하직원 "그렇군요. 그럼 프로젝트에서 A에 대해 논의하
는 건 그만둘까요?"

'흐리멍덩한 유형'은 대화가 어긋나고 있다는 사실을 인지
하지 못합니다. 상대가 대화의 논점이나 취지에서 벗어나더라
도 **맞춰줄 수는 있지만, 대화의 주도권은 뺏기기 십상**이지요.
　한 마디로 자기주장이 없는 사람이라고 할 수 있습니다. '흐
리멍덩한 유형'의 사람은 인간관계를 악화시키지는 않겠지만
문제 해결 능력이 부족합니다.


## 상대의 두뇌 회전 속도를 따라가지 못한다
### : 대화 적응력 ③ '느린 사람'

다음은 '느린 유형'에 속하는 사람입니다.

영업부장 "역시 요즘 애들은 따끔하게 혼을 내야 된다니
까. A는 도대체 말이 안 통해."

| | |
|---|---|
| 부하직원 | "음……. 따끔하게요? A를요?" |
| 영업부장 | "그래. 어차피 동기부여가 안 된다느니, 의욕이 안 생긴다느니 하는 말만 늘어놓을 테니까 말이야. 그런 녀석한테는 한번 따끔하게 얘기하는 게 좋아." |
| 부하직원 | "아……." |
| 영업부장 | "내가 잘못 생각하고 있는 건가? 자네 생각은 어때?" |
| 부하직원 | "아니, 그게……. 그래도 A는……." |
| 영업부장 | "옆 부서의 B도 내 덕에 정신 차렸지." |
| 부하직원 | "네? B 선배요?" |
| 영업부장 | "그래. 자네는 B를 모르나?" |
| 부하직원 | "알긴 아는데……." |
| 영업부장 | "그리고 조직개혁 프로젝트도 그만둬야 해. 내가 따끔하게 얘기만 하면 다 잘될 거야." |
| 부하직원 | "네? 프로젝트 자체를요?" |

대화의 논점이 엉뚱한 방향으로 흐르는 바람에 부하직원은 완전히 '백지상태'가 되어 버렸습니다. **'머릿속이 새하얘진 것'** 이지요.

부하직원은 왜 옆 부서 B에 대한 이야기가 나온 것인지, 또 왜 갑자기 조직개혁 프로젝트가 화제에 올랐는지를 전혀 이해하지 못하고 있습니다.

대화의 주도권을 잡으려 드는 사람은 두뇌 회전이 빠르기 때문에 화제를 느닷없이 잘 바꿉니다.

반면에 두뇌 회전이 느린 사람은 **다른 사람의 말을 천천히 음미하면서 듣기 때문에 그 속도를 따라가지 못하고 머리가 복잡해져서 말을 잇지 못합니다.**

잘 모르더라도 상대방에게 맞출 수 있으면 괜찮겠지만, 이 유형의 사람들은 그런 유연성이 없고 기지를 발휘하지도 못해서 **침묵하는 경향이 있습니다.**

## 가장 이상적인 대화 적응력
: 대화 적응력④ '유연한 사람'

마지막으로 이상적이라고 할 만한 '유연성'을 갖춘 사람의 대화 사례를 소개하겠습니다.

영업부장　　"역시 요즘 애들은 따끔하게 혼을 내야 된다니까. A는 도대체가 말이 안 통해."

부하직원 "그러게요. 상황에 따라서는 따끔하게 충고해야
할 때도 있죠."

영업부장 "맞아. 옆 부서의 B도 내 덕에 정신 차렸지."

부하직원 "아, B 선배 말이죠? B 선배는 정말 모범적인 사
원이죠. 선배한테는 저도 많이 배우고 있어요."

영업부장 "항상 말하지만 악역이 필요하면 언제든지 날
부르라고."

부하직원 "네. 진짜로 항상 감사드려요. 그런데 지난번 회
의 건 말인데요."

영업부장 "응, 말해보게."

부하직원 "사장님이 회의 자료가 많으니까 하나로 합치
라고 하셔서요."


유연성이 있는 부하직원은 속으로는 '부장님한테 직접 상
담하려고 한 내가 바보지', '부장님이 A에게 따끔하게 얘기하
면 일이 오히려 복잡해질 테니까 일단 A에 대한 생각을 잊게
하자', '인사부장님께 얘기하면 알아서 하실 테니까 나는 다른
대책을 강구해야겠어' 등을 생각하면서 즉각적으로 대응하고
있습니다.

상사처럼 두뇌 회전이 빠르기 때문에 이런 기지를 발휘할 수 있는 것이지요. 마음속으로는 '이런 꼰대!' 하면서 욕을 할지도 모르지만, 쓸데없는 **고집을 부리지 않고 일단 상사의 장단에 맞춰주었습니다.** 이런 자세야말로 유연한 자세라고 할 수 있습니다.

그리고 **무엇보다 중요한 것은 이 부하직원처럼 대화의 주도권을 넘겨주지 않는 것**입니다.

## 대화의 '흐름'을
## 잘 타기 위한 포인트

'유연한 사람'은 상대방의 이야기를 듣고 대화를 맞추기도 하고 맞추지 않기도 하면서 상대방의 대화 속도와 호흡을 읽어갑니다.

**포인트는 '관찰자의 시선'입니다.**

**대화가 안 통하는 사람은 '물의 흐름이 빠른 강'**이라고 생각하면 됩니다.

'완고한 사람'은 강의 흐름을 거스르려 하기 때문에 결과적으로 이러지도 저러지도 못하는 상황에 빠집니다.

'흐리멍덩한 사람'은 강의 흐름에 휩쓸려 떠내려갑니다.

'느린 사람'은 강의 흐름에 저항하지만 저항이 너무 약해서 물에 빠지고 맙니다.

'유연한 사람'은 강의 흐름을 제대로 관찰하고 이용하면서 자신이 원하는 방향으로 나아갑니다.

**좀처럼 대화가 통하지 않는 사람이 있다면 안이하게 '대화로 풀면 된다'고 생각하지 마시기 바랍니다.**

물론 끈기 있게 대화를 나눔으로써 서로를 이해하게 되는 경우도 있습니다. 하지만 상대가 감정적으로 대응하는 경우에는 **냉각기가 필요할 때도 있습니다.** 강의 흐름이 거세다면 '일단 물가로 올라와 강의 흐름이 잔잔해질 때까지 기다리는 것'도 방법입니다.

'유연한 사람'은 이러한 성질을 잘 압니다.

설령 대화가 통하지 않더라도 성급하게 대화를 맞추려 하기보다는 주도권을 쥐고서 일단 이야기를 다른 곳으로 돌릴 수 있어야 합니다. 그리고 시간을 들여서 사전 교섭을 하거나 상대가 다른 방향으로 생각하도록 분위기를 조성하면서 침착하게 맞춰가는 것이 좋습니다.

**영업부장**　　　"지난번에 인사부장이랑 술 한잔하면서 들었는데, 역시 요즘 젊은 애들은 어려워. 따끔하게 얘기하면 되지 않느냐고 그랬더니 그런 건 옛날 방식이라고 하더군."

부하직원　"진짜 그래요. 저도 요즘 신입들을 어떻게 대해야 할지 모르겠더라고요."

영업부장　"내가 너무 조급하게 굴었던 걸까?"

부하직원　"아니에요. A도 이번 일로 좋은 공부가 되었을 겁니다."

영업부장　"그러면 다행인데……."

부하직원　"그나저나 부장님은 상당히 바쁘실 테니까 신입사원 교육에 대해서는 제가 담당하는 조직개혁 프로젝트에서도 논의해볼게요."

영업부장　"응, 그래주면 고맙지."

부하직원　"알겠습니다."

**유연한 사람**은 마음속으로는 꽤나 번거롭게 되었다고 생각할지라도 결코 겉으로 드러내지 않습니다. **대화가 통하지 않는 사람과 대화를 진행시키기 위해서는** 이처럼 일단 상대의 페이스에 맞추거나 적절한 시간 간격을 두는 등 상황에 따라서 유연하게 대응할 줄 알아야 합니다.

# 대화를 통하게 하는 기술
## 기본편

**3**

'상대방의 이야기를 잘 들으라'는 말은 크게
다음의 세 가지 뜻으로 나눌 수 있습니다.
- 입을 다물고 상대의 이야기에 귀를 기울인다(hear)
- 이야기를 듣고 상대가 원하는 것의 논점을 파악한다(listen)
- 상대의 요구사항을 확인하기 위해서 질문을 거듭한다(ask)

# '대화를 통하게 하는' 기본 기술, 오프라인 대화

이 장에서는 '대화를 통하게 하는 구체적인 기술'을 소개하 겠습니다.

그런데 구체적인 대화 기술을 익히기에 앞서 알아둬야 할 사실이 한 가지 있습니다.

그것은 바로 통하지 않는 대화를 제대로 맞춰가기 위해서는 **'실시간 대화'가 아주 중요**하다는 것이지요.

상대에 따라서는 일단 냉각기가 필요한 경우도 있지만, 여 기서 소개하는 기술은 기본적으로 실시간으로 커뮤니케이션 을 할 때 적용할 수 있는 방법입니다.

정보화 시대가 되면서 과거에 비해 일방적인 커뮤니케이션 의 비율이 높아졌습니다. 이메일도 그렇고 카카오톡 등의 커 뮤니케이션 도구나 소셜 미디어를 이용할 때도 일방적인 소 통일 때가 많습니다.

그런데 일방적인 커뮤니케이션 매체를 사용하면 상대의 반 응이 보이지 않기 때문에 자신의 의견이나 주장만을 한꺼번 에 써내려가기 쉽습니다. 게다가 감정적으로 흥분한 상태에서 글을 쓰면 쓰는 도중에 혼자 폭발하기도 합니다.

앞에서 예로 들었던 대화 사례를 다시 살펴보겠습니다.

영업부장이 부하직원에게 이메일로 자기 의견을 전달했다면 어떻게 되었을까요? 이번에는 '부하직원'의 입장에서 읽어보시기 바랍니다.

### 〈영업부장〉

'수고가 많다. A에 대해서 최근에 든 생각인데 역시 따끔하게 한마디 해줘야 할 것 같아. 아무리 해도 A와는 대화가 안 통하니까 말이야. 옆 부서에 있는 B도 내 조언을 받고 성장했으니까 이번에도 나한테 맡겨줬으면 해. 내가 나서면 분명히 잘 해결될 거야. 자네 생각은 어떤가?'

이런 내용의 이메일을 읽은 부하직원은 고민할 것입니다.

'처음에는 대화를 나누겠다고 했잖아요?', '안 그래도 A가 부장님을 싫어하는데, 뭐라고 하면 더 엇나가지 않을까요?', '그리고 B 선배는 원래부터 남달랐잖아요. 대체 무슨 착각을 하고 있는 건지……'

영업부장의 이메일은 처음부터 끝까지 독선적인 주장을 담고 있습니다. 이 상태라면 부하직원은 부장과 페이스를 맞춰주면서 감정을 가라앉히게 할 수가 없습니다.

게다가 메일이라는 매체는 상대의 응답을 기다리지 않고 자신의 주장을 반복할 수 있습니다.

위의 메일을 부하직원이 확인하기도 전에 영업부장이 다음과 같은 추가 메일을 보내왔다면 어떨까요?

**〈영업부장〉**

'좀 전에 메일을 쓰면서 든 생각인데, 자네가 리더를 맡고 있는 조직개혁 프로젝트도 그만두는 게 낫지 않을까? 지금까지 프로젝트의 성과가 전혀 없으니 말이야. 아무리 대화해봤자 쓸데없는 짓이야. 프로젝트 팀을 해산시키고 내 생각대로 하는 게 회사에 도움이 될 것 같다는 생각이 드네.'

이와 같은 영업부장의 메일을 두 통 연속으로 읽게 되면 부하직원의 머리가 새하얘질지도 모릅니다.

"상부의 일방적인 지시와 명령에 거부감을 느끼는 젊은 사원들을 위해서 조직개혁 프로젝트를 세운 건데, 이런 말을 하다니 어이가 없군요!"라고 따지고 싶어질지도 모릅니다.

이메일과 카카오톡 등의 커뮤니케이션 매체는 매우 편리하지만, 요주의 인물과 이런 매체를 이용해서 '논리 커뮤니케이션'을 할 때는 세심한 주의가 필요합니다.

직접 대화하지 않고 이메일로 구구절절 자신의 주장을 써내려가는 사람은 상대의 의견을 들을 생각도 없고, 대화를 할 생각도 없다고 생각하는 편이 낫습니다.

그런 태도를 가진 사람과 대화를 해야 한다면 **가능한 빨리 '대면 커뮤니케이션'을 준비**해야 합니다. 이메일을 받기 전에 움직여야 하지요.

소통을 위해서는 직접 대면하는 것이 가장 좋지만, 직접 말하기 어렵다면 **적어도 전화**를 이용해서 음성으로 소통할 것을 추천합니다.

**얼굴을 마주하면 표정과 목소리 톤 등의 비언어적인 정보를 얻을 수 있습니다. 전화는 이에 비해 정보가 부족하기는 하지만 적어도 목소리 톤은 알 수 있지요.**

그런데 이메일이나 카카오톡 등 문자만을 도구로 사용하면 상대에게서 비언어적인 정보를 전혀 얻을 수 없습니다.

**'문자 커뮤니케이션'은 소통에 가장 부적절**한 매체라는 사실을 기억하시기 바랍니다.

**대화가 잘 통하는 커뮤니케이션 수단은 뭘까?**

**1** 이메일·SNS·편지 : 언어(문자) 정보밖에 없기에 의도한 바나 기분을 전달하기 어렵다.

**2** 전화(음성) : '목소리 톤'이라는 비언어 정보를 얻을 수 있다.

**3** 직접 대화 : '목소리 톤'과 함께 '표정'이라는 비언어 정보를 얻을 수 있다.

얻을 수 있는 '비언어 정보'의 양이 대화의 질을 좌우한다.

## 대화를 통하게 하는
## '듣는 힘'

우리는 종종 '상대방의 이야기를 잘 들으라'는 말을 합니다. 고객의 이야기를 잘 들으라거나 상사가 하는 말을 잘 들으라거나 부하직원의 말을 잘 들어주라거나 부모님의 말씀을 잘 들으라는 식으로 말이지요.

다양한 상황에서 다양한 사람들이 이런 말을 하는데, 과연 그 속뜻은 무엇일까요?

'상대방의 이야기를 잘 들으라'는 말은 크게 다음의 세 가지 뜻으로 나눌 수 있습니다.

- **입을 다물고 상대의 이야기에 귀를 기울인다**(hear)
- **이야기를 듣고 상대가 원하는 것의 논점을 파악한다**(listen)
- **상대의 요구사항을 확인하기 위해서 질문을 거듭한다**(ask)

이제 각각의 의미를 살펴보겠습니다.

### ① 입을 다물고 상대의 이야기에 귀를 기울인다(hear)

아무 말도 하지 않고 상대의 이야기를 잘 들어주기 위해서는 다음 두 가지에 주의해야 합니다.

- **상대가 이야기하고 있을 때 입을 삐죽이지 않는다**
- **맞장구를 치는 등 '듣고 있다'는 표시를 한다**

'경청(傾聽)'은 신뢰 관계를 구축하기 위해서 매우 중요합니다. 상대의 이야기에 귀 기울이는 것은 인간관계를 유지하기 위해서 필요한 '표면 커뮤니케이션'의 하나라고 할 수 있습니다.

여기서 중요한 것은 경청도 상대가 이야기하고 싶어 하는 경우에만 할 수 있다는 사실입니다. 상대방이 이야기할 생각도 없는데 "뭐든지 들어줄 테니까 마음껏 말해보세요"라고 하면 상대방을 곤란하게 만들 뿐입니다. 특히 부하직원이 특별히 할 이야기가 없는데 상사가 갑자기 불러내서 "평소에 생각하고 있는 걸 말해보게. 오늘은 뭐든지 들어줄 테니까"라고 하면 부하직원은 틀림없이 당혹스러울 겁니다.

**② 이야기를 듣고 상대가 원하는 것의 논점을 파악한다(listen)**

'듣는다'는 단어에는 '청력을 통해서 지각한다'는 뜻 외에도 '세심한 주의를 기울인다'는 뜻이 있습니다.

민감하게 '이야기의 논점이 어디에 있고 상대가 무엇을 요구하고 있는가'에 주의를 기울일 수 있는 능력이 '리스닝 능력'입니다. 이 능력은 이야기를 진행시키기 위한 '논리 커뮤니케이션'을 할 때 특히 중요합니다.

저는 **'hear'와 'listen'의 차이가 '요약문'에 있다**고 생각합니다.

아내    "내 친구가 곧 결혼할 거라서 단독주택을 짓고 싶다고 하는데, 어떤 집이 좋을까?"

남편    "단독주택이라……. 증세 전의 막바지 수요의 반동이 줄어서 어느 건설 회사나 힘든 모양이던데. 건축 사무소를 경영하는 스즈키 씨도 간당간당한다더라고."

남편은 '단독주택'이라는 단어만 듣고 그 단어를 중심으로 대화를 다른 방향으로 틀어버렸습니다. 이래서는 아내와 대화가 될 리가 없습니다.

이런 사람은 상대방의 말에 섬세하게 주의를 기울이지 않습니다. 그래서 단어 하나로 대화 전체를 마음대로 해석하고는 엉뚱한 소리를 하는 것입니다.

대화를 할 때는 항상 '상대방 이야기의 논점이 어디에 있는가'를 주의 깊게 생각하면서 들어야 합니다. 단순한 hear가 아닌 listen을 하면 **스스로 '요약문'을 만들 수 있습니다.**

아내 이야기를 요약해보자면, '친구가 집을 새로 지으려고 하는데 어떤 집이 좋을지 남편의 의견을 듣고 싶다'는 것입니다. 따라서 다음과 같이 대답했다면 대화가 자연스럽게 이어졌겠지요.

"아직 젊으니까 지나치게 호화롭게는 안 짓는 게 좋겠지?"

"단독주택도 좋지만 아파트를 분양받는 방법도 있어."

'요약하는 능력'이 없는 사람은 쓸데없이 질문만 하는 경향이 있습니다.

| 고객 | "저는 이 정도 기능에 100만 엔 이하면 구입할 생각이 있습니다. 다른 건 별로 신경 안 쓰니까요." |
|---|---|
| 영업사원 | "그렇군요. 그런데 이런 기능은 어떠세요? 조금 더 기능이 좋은 것으로 찾아볼까요?" |
| 고객 | "아니요, 아까도 말했지만 이 정도 기능이면 괜찮아요." |
| 영업사원 | "그렇군요. 다른 옵션 중에서 관심 있는 건 없으세요?" |

| 고객 | "아니요, 없어요. 딱히 원하는 기능은 없으니까요." |
|---|---|
| 영업사원 | "두 달만 기다리시면 조금 더 기능이 좋은 물건을 110만 엔에 구입하실 수 있는데요." |
| 고객 | "100만 엔 이하로 하고 싶다니까요? 기능도 지금 걸로 충분하고요." |
| 영업사원 | "그게……. 다른 고객님 중에서는 그 정도 가격 차이면 두 달 정도는 기다리겠다는 분도 계시거든요. 혹시나 해서 여쭤봤습니다." |

이 영업사원은 고객의 니즈를 정확하게 파악하지 못했습니다. 자신의 머릿속이 정리가 안 되어 있어서 질문하는 내용도 즉흥적입니다.

'상대의 말을 잘 듣기' 위해서는 '센스'가 있어야 합니다.

### ③ 상대의 요구 사항을 확인하기 위해서 질문을 거듭한다 (ask)

마지막으로 '상대의 요구 사항을 확인하기 위해서 질문을 거듭'하는 방법도 있습니다. '묻는다(ask)'는 단어에는 '질문을 제시한다'는 뜻도 있지요.

'질문을 거듭'하면 말하는 사람도 답변을 하는 동안 자기 생각을 정리하게 됩니다.

그런데 질문을 잘하기 위해서는 상당히 고도의 커뮤니케이션 기술이 필요합니다. 그렇기 때문에 적절한 질문은 앞에서 말한 두 가지를 우선 소화하지 못하면 넘보기 힘든 영역이라고 할 수 있습니다.

즉, 상대의 말을 올바르게 경청하는 태도와 대화의 논점을 파악하는 센스가 필요한 것이지요. 그리고 타이밍을 놓치지 않고 효과적인 질문을 거듭할 수 있어야 합니다.

중요한 것은 **이야기의 '논점'을 문장으로 파악**할 수 있느냐입니다. 소통의 달인이 되려면 논점을 정확하게 인지하고 주어와 술어가 자연스럽게 연결된 '요약문'을 만들 정도의 능력이 필요합니다.

텔레비전 방송에 나오는 사회자가 개성 있는 출연자들의 이야기를 정리할 때 어떤 식으로 하는지 주의 깊게 살펴보시기 바랍니다.

# 이해하기 쉬운 전달법

## : '홀 – 파트 – 홀 전달법'

그러면 일을 진행시키기 위해서 대화를 나눌 때는 어떤 식
으로 하면 좋을까요?

이제 상대방의 '지레짐작'을 막고, 논점을 쉽게 파악하도록
도와주는 기본적인 전달 기술을 소개하겠습니다.

먼저 **'논점'을 이야기의 '줄기'**라고 생각해봅시다.

이야기에는 중심을 구성하는 '줄기'와 보조적인 역할을 하
는 **'가지', '잎사귀'가 있다**고 머릿속으로 그려보시기 바랍니다.

**'줄기'를 가장 먼저 전달하고, 그 뒤에 '가지', 그리고 '잎사귀'
순서**로 이야기를 전달하는 것이지요.

정리하면 다음과 같습니다.


- 전하고자 하는 '논점'을 간략하게 말한다(논점=줄기)
- 이야기의 '줄기'를 보충하는 '가지'를 모두 말한다
- 이야기의 '가지'를 보충하는 '잎사귀'를 하나씩 말한다


이와 같은 전달법을 '홀-파트-홀 전달법'이라고 부릅니다.

쉽게 설명하자면 **처음에 이야기의 전체상(WHOLE)을 상대방**

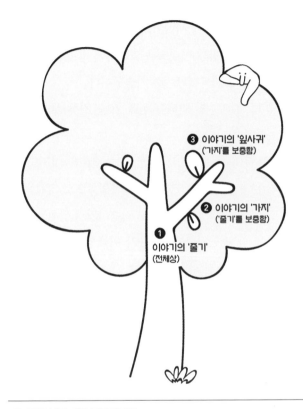

이야기의 '줄기'<br>(전체상) ①

이야기의 '가지' ②<br>('줄기'를 보충함)

이야기의 '잎사귀' ③<br>('가지'를 보충함)

**예** 당신의 '목표'를 전달하려면…….

① 목표(줄기) : 앞으로 3년 뒤까지 회사의 매상을 현재의 5배로 올린다.

② 행동 계획(가지) : 이 목표를 달성하기 위해서는 '신규 고객 확보', '미디어 노출',<br>　'직원들의 의식 향상'이 필요하다.

③ 구체적인 행동 방침(잎사귀) : '신규 고객 확보'를 위해서 ○○와 ▲▲와 □□를 한<br>　다. '미디어 노출'을 위해서는……. (이하 가지를 보충하는 구체적인 행동을 제시한다)

**'① → ② → ③'의 순서로 전달하는 것이 포인트!**

**에게 전달하고, 그 다음에 이야기의 부분(PART)을 설명하는 것**
이지요. 이것은 상대방의 머릿속을 깔끔하게 정리해주는 간단
하면서도 효과적인 커뮤니케이션 기술입니다.

우리는 흔히 '결과부터 말해야 한다'거나 '결론부터 전달해
야 한다'는 말을 합니다.

잡담 등 표면 커뮤니케이션을 할 때는 결론을 마지막까지
이야기하지 않고 뒤로 미루면서 '스토리 형식으로 말하는 것'
도 좋지만, 대화를 딱딱 맞춰서 일을 진행시키기 위한 논리 커
뮤니케이션을 할 때는 오해를 피하기 위해서라도 가능한 결
론을 질질 끌지 않는 것이 좋습니다.


## '홀 - 파트 - 홀 전달법'을 활용한 대화 vs 활용하지 않은 대화

이제 구체적인 사례를 통해 '홀-파트-홀 전달법'이 무엇인
지 자세히 알아보겠습니다.

다음 대화문을 읽어보시기 바랍니다.


상사        "지난번에 사장님과 이야기했는데, 지금도 엄청

난 위기감을 느낀다고 하시더라고. 올해 신입사원이 일곱 명 들어왔잖아? 뭐랄까, 업무 중에 잡담을 많이 한다고 할까? 쓸데없는 일을 하는 경우가 많은데다가 장시간 야근을 하는 신입사원도 꽤 있다고 하더군. 잔업수당도 무시할 수 없으니까 조금 더 비용을 생각하고 행동했으면 좋겠는데 말이지. 게다가 무엇보다도……."

**부하직원** "사장님은 잔업수당을 주기 싫으니까 어쨌든 빨리 돌아가라고 말씀하시는 겁니까?"

**상사** "그런 게 아니라 회사 경비도 좀 생각하라는 말이지. 그것 말고도 출장비라든지 통신비라든지……."

**부하직원** "업무 중에 잡담도 필요할 때가 있잖아요. 게다가 선배들이야말로 야근을 자주 하지 않나요? 선배들부터 개선해야죠."

**상사** "그것 말고도 있어. 출장비라든지 통신비라든지……."

**부하직원** "출장이나 통신에 드는 비용은 더더욱 신입사원이 적죠. 올해 입사한 일곱 명이 사장님한테 괜히 미운털이 박힌 것 같네요."

| 상사 | "이봐, 그게 아니라니까?" |
|---|---|
| 부하직원 | "신입사원도 매일같이 최선을 다하고 있어요. 그런데도 잔업수당이나 출장비를 아까워 하신다니 이해가 안 되네요. 실적이 안 좋아서 어떻게든 이익을 올리고 싶은 건 알겠지만 그건 경영진의 책임이죠." |
| 상사 | "그게 아니래도! 자네, 왜 이렇게 삐딱해?" |

만약 상사가 이야기의 '가지·줄기·잎사귀'를 의식하면서 '홀-파트-홀 전달법'을 사용해서 말했더라면, 부하직원이 오해하지 않고 상사의 말을 받아들였을지도 모릅니다.

그렇다면 다음과 같이 수정해서 말해보면 어떨까요?

| 상사 | "신입사원 일곱 명에게 비용에 대한 의식을 심어줬으면 하네. 특히 의식했으면 하는 비용은 다음 세 가지야. <br><br> 첫 번째는 잔업수당. <br> 두 번째는 출장 경비. <br> 세 번째는 통신비. <br> 첫 번째 잔업수당부터 이야기하자면 신입사원 |

입곱 명의 업무량과 시간외 노동 그래프를 비교해보면, 3년 이상 근무한 사원들과 비교해서 2분의 1 이하의 업무 효율을 보이고 있어. 10년 이상 일한 베테랑 사원과 비교하면 3분의 1 이하지. 아무리 신입사원이라고 해도 일의 효율이 지나치게 낮아.

두 번째는 출장 경비인데 굳이 안 해도 될 회의를 하려고 출장을 가는 일이 7개월 동안 16건이나 있었네. 누가 출장을 지시했는지 밝혀내서 조정하도록.

세 번째는 통신비인데 회사에서 지급하는 스마트 폰으로 게임이나 운세 보기 등의 유료 애플리케이션을 받은 신입사원이 다섯 명이나 있더군. 바로 시정 조치하도록.

반복해서 말하지만 신입사원 일곱 명에게 비용에 대한 의식을 심어줘야 할 것 같아. 지금 바로 잡지 않으면 이대로 어영부영 넘어가게 될 가능성이 있으니까 말이야."

이야기의 줄기는 '신입사원 일곱 명에게 비용에 대한 의식을 심어줬으면 한다'입니다.

따라서 이 말을 처음과 끝 부분에서 반복했습니다. 그리고 구체적인 비용에 대해 지적하는 '가지' 부분을 '잔업수당·출장비·통신비'로 나눴습니다. '비용에 대한 의식을 심어줬으면 한다'는 말만으로는 의견이 제대로 전달되지 않기 때문입니다.

그리고 '가지'를 보충하는 수치적 논거를 '잎사귀' 부분에서 말했기 때문에 설득력이 아주 높아졌습니다. 이런 식으로 이야기하면 부하직원이 '신입사원도 매일같이 최선을 다하고 있는데 잔업수당이나 출장비를 아까워 하는 건 이해가 안 된다'면서 말을 자르지는 못하겠지요.

간결하게 정리하자면 '가지'가 세 개 있는 경우에는 다음의 순서로 말하면 됩니다.

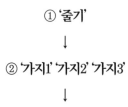

① '줄기'
↓
② '가지1' '가지2' '가지3'
↓
③ '가지1 + 잎사귀1' '가지2 + 잎사귀2' '가지3 + 잎사귀3'

수치적 근거나 구체적인 사례인 '잎사귀'를 이야기한 다음, 다시 한 번 3개의 '가지'를 반복하고 마지막으로 이야기의 논점인 '줄기'를 강조하며 마무리하는 것이 가장 이상적입니다.

## '홀 - 파트 - 홀 전달법' 정리

'홀-파트-홀 전달법'을 전체적으로 정리하자면 다음과 같습니다.

① '줄기'
↓
② '가지1' '가지2' '가지3'
↓
③ '가지1 + 잎사귀1' '가지2 + 잎사귀2' '가지3 + 잎사귀3'
↓
④ '가지1' '가지2' '가지3'
↓
⑤ '줄기'

키워드를 정리해서 반복적으로 말하면, '이야기를 듣는 사람'의 머릿속도 정리됩니다.

그런데 '지레짐작'을 하거나 '이야기를 반만 듣고' 자기주장을 펼치려 하는 사람과 대화할 때는 더 세심한 주의를 기울여야 합니다.

요주의 인물과 대화할 때는 '홀-파트-홀 전달법'과 더불어 다음과 같은 방법을 쓰면 오해를 피할 수 있습니다.

- **'가지'나 '잎사귀' 부분에서 필요한 수치적 근거를 담은 '자료'를 준비한다**
- **상대가 중간에 말을 자르지 못하도록 끝까지 기세 좋게 말한다**

오해를 잘하는 상대와 대화를 해서 어떤 일을 진행시켜야 한다면 이 방법을 사용해보시기 바랍니다.

## 대화 캐치볼의 비법, '백트래킹'

이번에는 '대화 캐치볼'에 대해서 이야기해 보겠습니다.

'대화 캐치볼'을 못하는 사람은 다음과 같은 특징이 있습니다.

• **선입견이 있다**
• **이야기를 건성으로 듣는다**

다음 대화를 읽어보시기 바랍니다.

A    "X상사 사장, 올해 안으로 은퇴하고 아들에게 사업을 물려줄 건가 봐. 그런데 아들이 아직 30대래. 너무 젊어서 지도자 입장에서 경영을 하기는 어렵지 않을까 싶어. 참고로 사장은 은퇴한 다음에 정치가가 된다고 하더군."

B    "정치가라……. 정치가 중에는 제대로 된 사람이 없는데, 도대체 왜 정치가가 되려는 건지 모르겠군."

A    "사장 아들이랑은 아직 면식이 없으니까 서둘러서

안면을 터놓는 게 좋을 것 같은데⋯⋯."

B　"정치가가 된 다음에 뇌물이라도 받아서 지금보다
더 부자가 되려는 건가?"

A　"⋯⋯."

B는 '정치가'에 대한 편견이 너무 강한 나머지 '정치가'라는
단어를 축으로 대화를 틀어버렸습니다. 그야말로 대화 캐치볼
을 못하는 사람의 전형이라고 할 수 있습니다. 이야기를 건성
으로 듣는 사람도 마찬가지입니다.

"자네와는 대화가 안 돼", "정말 말이 안 통하는군" 등의 말
을 자주 듣는 사람은 기본적으로 대화 캐치볼에 서툰 경우가
많기 때문에 먼저 캐치볼 연습부터 해야 합니다. 기본은 간단
합니다.

- **이야기를 올바로 '받아들인다'**
- **이야기에 올바로 '답한다'**

이 두 가지만 반복하면 됩니다. 조금 더 자세히 설명하자면
다음 사항만 지키면 됩니다.

- 이야기 안에 있는 '논점'을 지엽적인 이야기와 구별하면서 정확하게 파악한다
- 자신이 파악한 '논점'이 올바른지 확인한다

일단은 **상대의 말을 그대로 이용해서 질문 형식으로 '앵무새처럼 반복'**합니다.

이 커뮤니케이션 기술을 '백트래킹(Backtracking)'이라고 부릅니다.

백트래킹은 잘 알려진 대화 기술 중 하나인데 방법은 단순하지만 효과가 아주 좋습니다.

## '백트래킹'을 활용한 대화술

예를 들어 A에게 "X상사 사장, 올해 안으로 은퇴하고 아들에게 사업을 물려줄 건가 봐. 그런데 아들이 아직 30대래. 너무 젊어서 지도자 입장에서 경영을 하기는 어렵지 않을까 싶어. 참고로 사장은 은퇴한 다음에 정치가가 된다고 하더군" 하는 말을 듣고 B가 다음과 같이 답했다고 해봅시다.

B      "그렇군. X상사 사장이 은퇴 후에 정치가가 되겠다
고 한다고?"

이것이 백트래킹입니다.
하지만 대화의 중심은 그 부분이 아니기 때문에 A는 이렇게
대답하겠지요.

A      "응, 그건 그렇지만 내가 하고 싶은 말은 사장이 정
치가가 될 거라는 얘기가 아니라 사장이 은퇴하고
나면 '젊은 아들이 기업을 제대로 이끌어갈 수 있을
까' 하는 거야."

만약 B가 대화의 '논점'을 정확하게 구별했다면 다음과 같
이 답했을 것입니다.

B      "그렇군. X상사의 사장이 올해 안으로 은퇴한다고?
그리고 자네는 아들이 사업을 물려받으면 운영이 어
려울 것 같다는 말을 하고 싶은 거지?"

은퇴한 뒤에 정치가가 될 거라는 이야기는 '논점'과는 관계

없는 곁가지 이야기에 불과합니다. B가 이 사실을 간파하고 핵심에 초점을 맞춰서 답했다면 A는 바로 그거라며 만족했겠 지요.

이처럼 **자신이 상대의 이야기를 올바로 리스닝하고 있는지를 확인하기 위해서 백트래킹 기술을 이용하면 좋습니다.**

다른 대화 사례도 살펴봅시다.

C  "황금연휴에 도쿄 디즈니랜드에 갔었는데, 엄청난 인파더라고. 입장객이 너무 많아서 그런지 스텝들의 대응에도 한계가 보이더군. 우리 애들노 기나니느라 엄청 힘들어 했어. 그런 걸 보면 우리 가게도 바쁠 때 접객에 더 신경 써야 한다는 생각이 든다니까? 사람 많은데 다녀와서인지 허리가 진짜 아파서……."

D  "그랬군. 엄청나게 붐비는 디즈니랜드에 가서 스텝들의 대응에 한계가 있다는 생각을 했다고? 그리고 자네 가게도 바쁠 때야말로 접객에 더 신경을 써야 한다는 생각을 했다는 거지?"

C  "맞아, 진짜 그랬다니까?"

이야기가 길거나 여기저기로 화제가 옮겨가면 이야기를 들는 사람 입장에서는 '논점'을 파악하기가 어려워집니다.

즉, 올바른 '요약문'을 만들 수가 없는 것이지요.

하지만 중심 이야기와 곁가지 이야기를 구별하지 못하면 정확한 대화 캐치볼이 불가능합니다.

**만약 상대의 의도를 파악하기 어렵다면 메모를 해보시기 바랍니다.**

특히 상사나 고객의 이야기를 들을 때는 메모를 하면서 머릿속에 이야기 내용을 정리하는 것이 좋습니다.

이렇게 하면 '선입견' 때문에 편파적으로 생각하는 일도 줄어들고, 집중력이 떨어져서 '건성'으로 듣는 일도 피할 수 있습니다.

# 대화를 통하게 하는 기술
**응용편**

**4**

잡담이나 세상 돌아가는 이야기 등의
'표면 커뮤니케이션'을 할 때는
별 상관이 없을지도 모르지만,
'논리 커뮤니케이션'을 하는 중에 상대가
기어를 바꿨다면 상대의 이야기에
주의를 기울이면서 '논거'와 '비교 대상', '결론' 등
중요한 단서가 빠지지 않았는지를 확인해야 합니다.

이 장에서는 대화의 아귀를 맞추는 응용 기술 중에서도 **'논리 커뮤니케이션'을 할 때 주의해야 할 포인트**를 소개하려고 합니다.

얼핏 보면 대화가 자연스럽게 진행되고 있는 것처럼 보여도 논리적으로 따져보면 어긋난 경우가 있습니다. 이처럼 대화의 논리를 어긋나게 만드는 대표적인 원인으로 '생략'을 들 수 있습니다.

어떤 선입견이나 억측으로 중요한 부분을 '생략'하고 이야기하는 바람에 논리가 무너지는 것이지요.

몇 가지 예를 소개해보겠습니다.


### ① '논거'를 생략한다

'내 미래는 어둡다'

'이 회사가 개발한 신제품은 잘 안 팔릴 것이다'

'이 목표는 달성할 수 없다'


'미래가 어둡다', '신제품은 안 팔릴 것이다', '목표 달성은 불가능하다' 이 문장들은 결론에 대한 논거가 생략되어 있습니다.

다음 ■■■에 해당하는 각 주장의 논거가 생략된 것이지요.

'(■■■ 때문에) 내 미래는 어둡다'
'(■■■ 때문에) 이 회사가 개발한 신제품은 잘 안 팔릴 것이다'
'(■■■ 때문에) 이 목표는 달성할 수 없다'

중요한 논거를 생략했기 때문에 결론이 비논리적이라고 할 수 있는데, 비논리적인 결론을 '전제'로 이야기를 진행시키면 점점 더 논리적이지 못한 방향으로 가게 됩니다.

"내 미래는 어두워. 그래서 의욕이 전혀 안 생겨."
"이 회사가 개발한 신제품은 안 팔릴 거야. 그런데도 설비 투자를 늘리는 건 말도 안 돼."
"이 목표는 달성할 수 없어. 실현 불가능한 목표를 설정하는 걸 보면 사장님이 아무래도 좀 이상한 것 같아."

### ② '비교 대상'을 생략한다
'월급이 적다'

'영업력이 약하다'

'주어진 일이 너무 많다'


'적다', '약하다', '많다'라는 단어는 비교 형용사이기 때문에 비교 대상을 생략하면 논리적인 커뮤니케이션을 할 수 없습니다.

각 주장에는 다음 ■■■에 해당하는 비교 대상이 생략되어 있습니다.

'(■■■에 비해서) 월급이 적다'

'(■■■에 비해서) 영업력이 약하다'

'(■■■에 비해서) 주어진 일이 너무 많다'


앞에서 말한 예와 마찬가지로 분명한 비교 대상을 생략하고, 불분명한 결론을 전제로 이야기를 전개하면 대화가 틀어지게 되어 있습니다.

"월급이 적으니까 회사에 대한 불만을 해소할 수가 없어."

"영업력이 약해서 전혀 안 팔린다니까?"

"주어진 일이 너무 많아서 그것까지는 못해."


### ③ '결론'을 생략한다

"네가 연락을 안 하니까……."
"일이 너무 많이 쌓여서……."
"의욕이 안 생겨서……."

위의 문장들은 마치 말 안 해도 알 거라는 듯이 말끝을 흐리고 있습니다.

다음 ■■■에 해당하는 결론 부분이 생략된 것인데, 이 부분을 생략하면 무슨 말이 하고 싶은지를 알기 어렵습니다.

"네가 연락을 안 하니까 (■■■)."
"일이 너무 많이 쌓여서 (■■■)."
"의욕이 안 생겨서 (■■■)."


## 상대방의 '생략'을 감지했을 때의 대처법

대화의 배경지식이나 전제 조건을 서로 공유하고 있으면 '말하는 이'가 결론을 생략하고 이야기하더라도 '듣는 이'가 대충은 이해할 것 같은 생각이 들기도 합니다.

하지만 화자가 결론을 생략했을 때 청자가 "그래서 어떻게 된 거예요?"라고 묻지 않는다면, 대화가 한참 진행된 뒤에야 어딘가에서 대화가 어긋났다는 사실을 깨닫게 될 수도 있습니다.

**생략된 말은 대화 중에는 '눈에 띄지 않는 부분'**입니다. 잘 보이지 않기 때문에 생략된 부분을 의식하기란 결코 쉽지 않습니다. 빠르게 진행되는 대화 속에서 '보이지 않는 부분'까지 의식하려면 훈련이 필요하지요.

잡담이나 세상 돌아가는 이야기 등의 '표면 커뮤니케이션'을 할 때는 별 상관이 없을지도 모르지만, '논리 커뮤니케이션'을 하는 중에 상대가 기어를 바꿨다면 **상대의 이야기에 주의를 기울이면서 '논거'와 '비교 대상', '결론' 등 중요한 단서가 빠지지 않았는지를 확인**해야 합니다.

무언가가 '생략'되었다는 사실을 알았다면 다음과 같은 요령으로 질문을 해보시기 바랍니다.

### ① '논거' 생략 – '왜 + 구체적으로, 예를 들어'

"이 회사가 개발한 신제품은 안 팔릴 겁니다."

"왜 그렇게 생각하세요? 구체적으로 어느 부분이 안 팔릴 만한 요소일까요?"

## ② '비교 대상' 생략 – '무엇과 비교해서'

"월급이 적어요."

"뭐에 비해서 월급이 적다고 생각하시는 거죠? 동료 직원에 비해서인가요? 아니면 자신이 세웠던 목표에 비해서인가요?"

## ③ '결론' 생략 – '그래서?'

"의욕이 안 생겨요……."

"의욕이 없다고요? 그래서 결국 하고 싶은 말이 뭔가요?"

'보이지 않는 부분'을 보이게 만드는 질문을 할 때는 **적절하게 페이스를 조절**(상대에게 페이스를 맞춘 커뮤니케이션)**하지 않으면 자칫 '시비'를 거는 것처럼 보일 수도 있습니다.**

상대방의 기분을 상하게 하면 오히려 대화가 어긋날 수 있기 때문에 주의해야 합니다.

**일과 관련된 이야기를 하는 자리라면 그에 맞는 '자료'라는 보조 장치를 사용해서 커뮤니케이션**을 하는 것이 가장 손쉬운 방법입니다(먼저 목적에 맞는 자료를 만들어야 하지만 말입니다).

어떤 문제를 해결하고자 할 때는 목표 달성을 위한 적절한 자료를 사전에 준비하고 커뮤니케이션을 하면 대화를 맞추기 쉬워집니다.

여기서 적절한 자료란 논거와 결론 등이 '수치'로 표현된 자료를 말합니다. 자료를 준비하는 방법에 대해서는 5장에서 자세히 다루도록 하겠습니다.


## 상대방을 '외국인'으로 간주하고 대화할 때의 세 가지 포인트

지금까지 몇 번이나 이야기했듯이 저는 요주의 인물과 대화할 때 상대방을 '외국인'이라고 생각합니다(이때 외국인은 '우리말을 그럭저럭 할 줄 아는 외국인'으로 설정합니다).

설령 우리말을 할 줄 안다고 해도 상대가 외국인이라면 많은 사람들이 자연스레 다음 세 가지에 유의하면서 이야기할 것입니다.

① 사전 지식을 정성껏 설명한다
② 천천히 말하고 논점을 반복한다
③ 다소 못 알아듣는 부분이 있어도 어쩔 수 없다고 생각한다

예를 들어 '멕시코 본사에 있는 사장과 대화를 하고 싶다'는 의향을 루이스라는 이름의 멕시코인 매니저에게 전한다

고 해봅시다.

| 나 | "루이스, 이번 거래를 반드시 성공시키기 위해서 보스에게 이 사실을 전했으면 해요. 음……. 보스라는 건 당신 회사 사장님을 말하는 거예요. 이 자료에 필요한 사항을 기입해서 다시 보내주세요. 여기서 필요한 사항이라는 건 세 가지예요. 잘 들어주세요. 첫 번째는……." |

이처럼 상대가 못 알아듣거나 오해하지 않도록 신중하게 단어를 보충할 것입니다.

우리말을 알아듣기는 하지만 상대가 외국인이기 때문에 혹시 오해하더라도 화를 내지 않고 차근차근 다시 설명하겠지요.

| 루이스 | "내가 이 자료에 기입해서 다시 보내면 되는 거죠?" |
| 나 | "아니요, 루이스. 다시 한 번 말할게요. 이 자료에 기입을 하는 건 당신 회사 사장님이에요. 사장님한테 설명하면서 이 지침서를 전달해주세요. 이 지침서에 왜 사장님이 직접 기입해야 하는지 쓰 |

여 있으니까요."

| | |
|---|---|
| 루이스 | "알았어요. 사장님이 이 지침서에다가 필요한 사항을 적어서 보내면 된다고요?" |
| 나 | "아니, 그게 아니에요. 지침서에 기입하는 게 아닙니다. 사장님은 이 자료에 기입해야 해요. 핑크색 형광펜으로 표시해둘게요. 이제 안 헷갈리겠죠?" |
| 루이스 | "이 핑크색 형광펜은 어디서 샀어요?" |
| 나 | "네? 형광펜이요? 이건 아무데서나 다 파는 건데……." |

| 루이스 | "이렇게 생긴 형광펜은 처음 봤어요. 색이 정말 예쁘네요. 저는 일본에 와서 예쁜 문구류가 많아서 깜짝 놀랐어요." |
| 나 | "루이스, 잠깐만요. 그 얘기는 나중에 하고요. 다시 한 번 정리해볼게요. 이건 아주 중요한 일이에요. 당신 사장님이 해줘야 할 일이 뭐냐면……." |

이처럼 상대방이 대화를 엉뚱하게 전개시켜도 외국인이기 때문에 어쩔 수 없다고 생각할 것이고, 어떻게든 이해시키기 위해서 신중하게 대응할 것입니다.

**이야기의 '뼈대'가 되는 논점을 반복하고 상대를 이해시키기 위해서 노력**하겠지요.

그런데 상대가 외국인이 아니라면 어떨까요?

| 나 | "다나카 씨, 이 자료에 필요 항목을 기입해서 다시 보내줄래요? 사장님께 그렇게 전해주세요." |
| 다나카 | "알겠습니다. 제가 책임지고 기입해서 반송할게요." |
| 나 | "아니요. 그게 아니라 사장님께 부탁하고 싶다고요." |

| 다나카 | "반송 작업을 사장님이요? 저희 사장님은 그런 작업까지는 하지 않으시는데……." |
|---|---|
| 나 | "그게 아니라요. 사장님이 직접 필요 사항을 기입해주셔야 한다고요. 왜 그래야 하는지는 이 지침서에 나와 있어요." |
| 다나카 | "왜 제가 아니라 사장님이 직접 하셔야 되죠?" |
| 나 | "그러니까 그 이유가 지침서에 쓰여 있다고요. 형광펜으로 표시를 해둘게요. 사장님이 기입해주셔야 할 곳은 여기랑, 여기랑……." |
| 다나카 | "어? 이 형광펜은 어디서 팔아요?" |
| 나 | "네?" |
| 다나카 | "발색이 굉장히 좋네요. 어디서 파는지 알려주세요." |
| 나 | "지금 그게 중요합니까? 다나카 씨, 당신은 항상 그런 식으로……." |

상대가 외국인이 아니라는 사실을 알면 무의식중에 **'이 정도로 말하면 알아듣겠지'라고 기대하기 마련**입니다. 그렇기 때문에 그 기대에 어긋나면 화부터 나는 것이지요.

## 올바른 주장은 '이것'으로 보충하자

이제 한층 더 업그레이드된 대화 응용 기술을 알아보겠습니다.

대화를 논리적으로 딱딱 맞추고 원하는 결론을 이끌어내기 위해서는 그것의 전제가 되는 논거가 '사실'인지 아닌지가 매우 중요합니다.

어떤 주장을 할 때 **'사실'과 '의견'을 분명하게 나눠서 이야기하지 않으면 상대가 선입견 없이 듣기가 어렵습니다.**

그렇다면 '사실'과 '의견'을 어떻게 나눠야 할까요?

**'사실'은 조사나 실험을 통해서 객관적으로 확인할 수 있는 것이고, '의견'은 개인적인 해석이나 추론**으로 개인의 경험에 영향을 많이 받습니다.

그런데 사람들은 '사실'과 '의견'을 쉽게 혼동하기 때문에 주의해야 합니다.

예를 들어 다음 문장은 '사실'입니다.

'A과장은 매일 아침 한 시간 일찍 출근해서 부하직원 일곱 명에게 자기가 먼저 인사하는 사람이다. 월 평균 50시간의 야근을 한다'

이것은 개인의 견해나 추론이 아니지요.

그렇다면 다음 문장은 어떨까요?

'A과장은 아침 일찍 출근해서 항상 늦게까지 야근을 하는 등 매우 열심히 일한다'

'A과장은 적극적으로 부하직원들과 커뮤니케이션을 하는 모범적인 상사이다'

이것은 '의견'입니다.

'A과장은 일을 열심히 한다. 이건 명백한 사실이다!' 혹은 'A과장이 부하직원을 양성하는 데 뛰어난 능력을 가진 것은 사실이다'라고 아무리 소리 높여 주장해도 이것은 명백한 '의견'입니다.

이 두 문장은 개인적인 견해이자 추론이라고 할 수 있습니다.

따라서 개인적으로 이렇게 생각한다면 그것을 입증할 만한 '사실'로 보충해야 합니다.

'A과장의 부하직원 일곱 명 중 다섯 명은 전보다 영업실적이 10퍼센트 이상 높아졌다. 영업실적뿐 아니라 다면평가에서도 전원 A플러스를 받았을 뿐 아니라 사원 설문조사에서도 모두 '자신의 성장을 실감한다'고 답했다. 이런 사실들을 근거로 A과장은 부하직원 양성에 뛰어나다고 할 수 있다'

위의 문장은 사실로 의견을 보충했기 때문에 개인적인 주장은 아니라고 할 수 있습니다.


## '사실'과 '의견'을
## 구별할 때의 주의점


'의견'을 말할 때는 의견임을 알 수 있는 '서술어'를 문장 마지막에 붙이고, '주어'도 생략하지 않아야 듣는 사람도 그 문장이 의견이라는 사실을 파악하기 쉽습니다.

**'나는 ○○라고 생각한다', '나는 ○○라고 판단했다', '나는 ○○라는 견해를 가지고 있다'**라는 표현을 사용하는 것이지요.

'최근에 그 거래처는 평판이 나쁘다'

이 문장이 '의견'이라는 사실을 알기 쉽게 하려면 다음과 같이 바꿔야 합니다.

'나는 최근에 그 거래처가 평판이 안 좋다고 생각한다'

**책임 소재를 애매하게 하려는 사람은 '서술어'를 '전문(傳聞)'으로 바꾸는 경향이 있습니다.**

'최근에 그 거래처는 평판이 나쁘다고 하더라' 하는 식으로 말입니다.

문제 해결을 위한 커뮤니케이션을 할 때도 마찬가지입니다.

'다음 분기의 목표를 달성하기 위해서는 시장 조사부터 하는 것이 가장 좋다'라는 문장도 이대로라면 '사실' 같은 뉘앙스를 풍기기 때문에 이 의견을 보충하기 위한 논거를 제시해야 한다는 생각이 들지 않습니다.

다음과 같이 표현해야 발언자 자신도 이것이 자신의 '의견'이라는 사실을 확인할 수 있습니다.

'나는 다음 분기의 목표를 달성하기 위해서 먼저 시장 조사부터 하는 것이 가장 좋다고 생각한다'

이렇게 함으로써 '나는 왜 그렇게 생각하는가'에 대한 논거가 될 만한 '사실'을 전달해야 한다는 사실을 깨닫고, 의견을 보충하기 위한 논거를 찾게 됩니다.

'왜냐하면 지금까지 3년 동안 개발부의 주관적인 판단으로 상품을 시장에 투입하는 바람에 3분기 연속으로 매출이 5퍼센트 이상 떨어졌기 때문이다'

만약 다음 문장처럼 '피동형'을 사용해서 어미를 흐리게 하면, 왠지 이 일과 직접적인 관련이 없는 평론가가 먼발치에서 평론하는 것 같은 느낌이 들어 말에 설득력이 떨어집니다.

'다음 분기의 목표를 달성하기 위해서는 먼저 시장 조사를 하는 것이 순서적으로 최선이라고 생각된다'

**따라서 '사실'과 '의견'을 구별하기 위해서는 서술어 사용에 민**

**감해져야 합니다.**

## '이건 다른 얘긴데요'라는 말로 주제를 바꾸지 못하게 하는 방법

이제 요주의 인물과 대화할 때 사용할 수 있는 또 다른 대화 기술을 소개하겠습니다.

간혹 다른 사람의 말을 적당히 흘려보내고 '이건 다른 얘긴데요' 하면서 갑자기 화제를 바꾸려 드는 사람이 있습니다.

이를테면 이런 식입니다.

A    "지난번 송년회 때 신입사원 K가 사회를 봤잖아? 마냥 얌전하기만 한 줄 알았는데 할 때는 하더군. K에 대한 이미지가 완전히 달라졌어."

B    "그랬구나."

A    "특히 빙고게임을 시작하려고 했을 때 일어나서 어슬렁거리고 있는 Y주임한테 '자리로 돌아가 주시겠습니까?'라고 따끔하게 한 마디 하는 걸 보고 깜짝 놀랐다니까?"

B   "그렇군. 그나저나 이건 다른 얘긴데, 지난주 금요일
    에 갔던 카페 이름이 뭐더라?"
A   "뭐?"
B   "기억 안 나? 아오야마에 새 카페가 생겼다고 같이
    가자고 해서 갔었잖아. 카페 이름이 뭐더라?"
A   "……"

A가 꺼낸 화제에 대해서 어느 정도 대화를 주고받고 나서
'이건 다른 얘긴데' 하고 화제를 바꾸면 모르겠지만, 아무런
호응도 하지 않고 화제를 바꿔버리면 말을 꺼낸 사람은 왠지
무시를 당한 것 같아서 기분이 상하겠지요.

단순한 잡담을 나누던 중이기 때문에 대화 상대의 기분이
조금 상하는 정도로 넘어갈 수도 있겠지만, 문제 해결을 위한
회의를 하다가 '이건 다른 얘긴데'라면서 딴 소리를 하면 곤란
합니다.

아내  "이번 주 일요일에 어머니가 입원해 있는 병원에 얼
      굴 비추러 갈래요? 올해 들어서 아직 못 갔으니까요."
남편  "아……"
아내  "어제 언니가 전화했는데 뭔가 할 얘기가 있는 것 같

더라고요."

남편 "그러게……."

아내 "……."

남편 "그러고 보니 이건 다른 얘기지만, 다음 주 월요일부
터 홋카이도로 출장을 가게 됐어."

아내 "네?"

남편 "옆 부서의 K가 갑자기 인플루엔자에 걸렸다고 나더
러 대신 가라지 뭐야? 곤란하게 됐어. 할 일이 산더
미같이 쌓여있는데 갑자기 출장이라니."

아내 "K씨가 인플루엔자……."

남편 "그러니까 말이야. 우리 애들은 인플루엔자 괜찮을
까? 요즘 유행하는 것 같던데."


문장으로 읽으면 상당한 위화감이 느껴집니다. 그런데 실제
로 대화할 때는 자신이 무신경하게 화제를 바꿨다는 사실조차
깨닫지 못하고, 엉뚱한 소리를 하는 사람이 의외로 많습니다.

이럴 때 "내 얘기를 제대로 들어요", "멋대로 화제를 바꾸지
말라고요"라고 핀잔을 주면 남편도 기분이 상해서 "듣고 있다
고! 어머니 병원에 간다는 얘기잖아. 얼굴 비출게. 나도 안다
니까!"라면서 오히려 화를 낼지도 모릅니다.

그렇다면 차라리 상대가 '이건 다른 얘긴데'라고 말해도 화제를 바꾸지 못하게 할 방법을 생각해보면 어떨까요?

상대의 이야기를 듣지 않고 멋대로 무시한 다음 자기가 하고 싶은 말을 우선시하는 사람은 원래 상대 감정에 대한 **'눈치'가 없을 가능성이 있습니다.** 눈치 없는 상대와 대화할 때 혼자서 민감하게 굴면 대화의 보조를 맞출 수가 없습니다.

대화의 보조를 맞추고 싶다면 상대방처럼 다소 무신경해지면 됩니다.

억지로 화제를 '바꾸지 못하게' 할 것이 아니라 상내방과 똑같이 **'이건 다른 얘긴데' 다음에 나온 말을 못 들은 척 흘려보내는 것이지요.**

그러기 위해서 유념할 것은 다음 세 가지입니다.


• **대답하지 않는다**

• **반응을 보이지 않는다**(맞장구를 치지 않는다)

• **못 들은 척한다**(신경을 다른 데로 돌린다)


상대가 '이건 다른 얘긴데' 다음에 하는 말은 무조건 들어주지 않는 것입니다. 신경을 다른 데로 돌리고 '무반응, 무관심, 무표정'으로 일관합니다. 그리고 다시 자기가 하고자 하는 이야기를 화제에 올립니다.

|  |  |
|---|---|
| 아내 | "이번 주 일요일에 어머니가 입원해 있는 병원에 얼굴 비추러 갈래요? 올해 들어서 아직 못 갔으니까요." |
| 남편 | "아……." |
| 아내 | "어제 언니가 전화했는데 뭔가 할 얘기가 있는 것 같더라고요." |
| 남편 | "그러게……." |
| 아내 | "……." |
| 남편 | "그러고 보니 이건 다른 얘기지만, 다음 주 월요일부터 홋카이도로 출장을 가게 됐어." |
| 아내 | "……." |
| 남편 | "옆 부서의 K가 갑자기 인플루엔자에 걸렸다고 나더러 대신 가라지 뭐야? 곤란하게 됐어. 할 일이 산더미같이 쌓여있는데 갑자기 출장이라니." |
| 아내 | "……." |
| 남편 | "우리 애들은 인플루엔자 괜찮을까? 요즘 유행하는 것 같던데." |
| 아내 | "일요일 아침에는 분리수거를 해야 하니까 분리수 |

|        |                                                        |
|--------|--------------------------------------------------------|
|        | 거부터 끝내고 병원에 갈까요? 오후에는 볼 일이 있으니까 오전이 좋을 것 같은데." |
| 남편   | "응."                                                   |
| 아내   | "일요일 아침에 분리수거하는 거 알죠?"                    |
| 남편   | "아, 응……. 알지, 그럼."                                |
| 아내   | "엄마는 과일을 좋아하시니까 토요일에 슈퍼에 가서 미리 사다 놓을게요." |
| 남편   | "알았어. 고마워."                                       |

**상대가 내 말을 무시하면 화부터 낼 것이 아니라 나도 그 사람의 말을 받아주지 않으면 그만입니다.** 내가 감정을 컨트롤하지 못하고 화부터 내면 상대방도 감정적으로 나올 가능성이 있기 때문입니다.

비즈니스를 할 때도 마찬가지입니다. 상대가 '이건 다른 얘긴데요'라면서 화제를 바꾸지 못하도록 대화의 페이스를 잘 조절해야 합니다.

# '대화를 통하게 하는
유용한 도구'를 만드는 방법

**5**

요주의 인물과 사전 준비 없이 커뮤니케이션을
하려는 시도 자체가 무모한 것일 수 있습니다.
반드시 자료를 앞에 두고 거기에 기술된 내용을
따라가면서 이야기를 진행해야 합니다.

## '요주의 인물'과 자료를 사용해 대화할 때의 순서

'요주의 인물'과 아무 자료도 준비하지 않은 채로 '논리 커뮤니케이션'을 하면 대화가 산으로 갈 우려가 있습니다. **'듣고 이해하는 것'과 '읽고 이해하는 것'은 근본적으로 다르다**는 사실을 기억해야 합니다.

말은 내뱉는 순간 사라집니다. 따라서 상대방이 내 말을 기억하느냐를 떠나서 내가 하고자 하는 말을 올바르게 인지했는지조차 확인할 길이 없습니다.

게다가 '요주의 인물'은 이야기를 들으면서 혼자서 이런저런 상상을 하는 경향이 있습니다.

이야기가 '엉뚱한 방향'으로 한참 틀어진 다음에 원래대로 되돌리려면 고생이 이만저만이 아닐 테지요. 상대가 내가 **방금 전에 한 이야기를 기억하고 있는지도 의심스럽습니다.**

상대방이 "그나저나 왜 이런 얘기를 하고 있지?"라고 물어서 그 배경부터 다시 설명해야 하는 상황이 올 수도 있습니다.

**부하직원**    "사장님, 2차 클레임 건수를 줄이기 위해서 직원들과 매일 아침에 회의를 하면서 1차 클레임에 대처하는 직원들의 행동 유형을 체크하고 있습니다. 그래서…….."

사장 "2차 클레임? 그러고 보니 2차 클레임 건수는 줄었나?"

부하직원 "네?"

사장 "2차 클레임을 줄이는 게 목적 아냐? 줄었냐고 물었네."

부하직원 "아니요, 잠깐만요. 우선은 1차 클레임이 발생한 뒤의 행동 유형을 재검토하기 위해서 현장 모니터링을 하기로 했습니다."

사장 "도대체가 말이야. 지난번에도 직원들의 접객 태도를 관찰하면서 느낀 건데, 요즘 젊은 직원들은 배려가 없어."

부하직원 "그 얘기는 지난번에도 나왔었는데요, 우선은 1차 클레임이 나온 뒤의 초기 대응 속도에 대해서…….."

사장 "어째서 요즘 젊은 것들은 배려가 없는 걸까? 부모가 교육을 어떻게 한 건지 원…….."

부하직원 "사장님, 제 얘기 좀 들어주시죠…….."

이처럼 **요주의 인물과 사전 준비 없이 커뮤니케이션을 하려는 시도 자체가 무모한 것일 수 있습니다.** 반드시 자료를 앞에 두고 거기에 기술된 내용을 따라가면서 이야기를 진행해야 합니다.


## 대화의 엇나감을 방지하는 '자료 작성'

자료 작성 포인트를 설명하기에 앞서서 자료 준비의 필요성에 대한 저의 의견을 이야기해 보겠습니다.

왜 목표 달성이나 문제 해결을 위해서 '자료'가 필요할까요? 여러 가지 이유가 있지만 이 책에서는 한 가지 이유만을 거론하고 넘어가려고 합니다.

개인적으로 자료를 준비하는 중요한 이유 중 하나는 말하는 사람의 '진지함'을 전달하기 위해서라고 생각합니다.

**대화를 논리적으로 맞추는 데서 끝나는 것이 아니라 '진지한 정도'도 맞춰야 한다**는 말이지요.

예를 들어 사장이 공장장을 불러내서 작년보다 클레임 건수가 늘었으니 줄여달라고 부탁했다고 해봅시다. 공장장은 당연히 알았다고 대답하겠지요. 그리고 "항상 주의하고 있습니다만, 앞으로는 공장 직원 전원이 힘을 합쳐서 노력하겠습니다"라고 덧붙일지도 모릅니다.

그런데 이 말을 들은 사장이 다음과 같이 말한다면 어떨까요?

**사장**    "기한과 수치 목표를 정하고 매주 확실하게 클레임 건수가 줄었는지를 알 수 있는 자료를 작성해서 제출하게."

공장장은 놀라서 이렇게 물을지도 모릅니다.

**공장장**    "기한과 목표를요?"

이번에는 사장이 놀랄 차례입니다.

**사장**    "좀 전에 자네가 '앞으로는 공장 직원 전원이 힘을 합쳐서 노력하겠다'고 하지 않았나? 그걸 구체적으로 기록하기만 하면 되네."

**공장장**    "그건 그렇지만……. 영업사원들이 아무 주문이나 대충 받아오는 것도 문제 아닌가요?"

사장　"자네 무슨 소린가? '공장 직원 전원이 힘을 합쳐서 클레임을 줄인다'고 방금 말하지 않았나? 마음에도 없는 말을 한 건가?"

공장장　"아니요, 그럴 의도는 아니었습니다. 다만, 클레임이 생기는 건 영업부가……."

애초에 문제의 소재가 어디에 있었는지는 차치하더라도 공장장이 사장이 의뢰한 일을 진심으로 해결하려고 하지 않았다는 사실만은 명백해졌습니다. 겉으로는 대화가 잘 진행되고 있는 것처럼 보여도 '진지한 정도'가 서로 달랐던 것이지요.

**'자료'를 작성하면 '하고자 하는 말이 제대로 전달되고 있는가'와 '이야기가 제대로 맞물리고 있는가'를 점검할 수 있습니다.**

## '자료 만들기'의 두 가지 포인트

그러면 '대화는 물론이고 진지함도 통하는 자료'를 작성하려면 어디에 포인트를 두어야 할까요?

여기서는 딱 두 가지 포인트만 짚고 넘어가겠습니다.

- **필요한 항목만 쓴다**
- **'의견'이 아니라 '사실'을 쓴다**

위의 기본 규칙에 따라서 만든 자료는 매우 심플할 것입니다. '사실'과 '의견'을 나눠서 이야기하지 않으면 선입견 없이 이야기를 진행시킬 수 없습니다.

따라서 자료를 만들 때는 자신의 **'의견'을 보충하는 '사실'만 열거**하는 것이 중요합니다.

즉 **'문자'만이 아니라 '숫자'가 들어간 자료**여야 한다는 뜻입니다.

다음과 같이 '사실'을 알릴 수 있는 자료를 작성하면 됩니다.

'1년 동안의 클레임 건수를 작년 300건에서 150건으로 줄이는 것을 목표로 영업부와의 발주 프로세스를 재검토했다. 실제로 프로세스를 재검토한 뒤, 한 달에 한 번 클레임 발생 건수를 모니터링 하고 있는데 1월에 10건, 2월에 13건, 3월에 9건, 4월에 11건 등 현시점에서는 연간 150건을 밑도는 추세다'

이러한 '수치적 근거'는 말로만 전달할 것이 아니라 눈으로 보여줘야 합니다.

그리고 쓸데없는 항목이나 문자는 가능한 삭제하는 편이 좋습니다.

**자료에 불필요한 항목을 넣으면 '엉뚱한 방향'으로 엇나가는 원인이 되기 때문**입니다.


## 자료를 이용한 '메모하기'
### : '패러프레이징'

자료를 사용해서 커뮤니케이션 하는 이유는 다른 사람들에게 조언이나 아이디어를 얻으면서 새로운 의사결정을 하기 위해서입니다. 이때 필요한 것이 '메모하기' 기술입니다.

메모를 할 때는 다음 두 가지가 중요합니다.


• **메모 내용을 상대방에게 보여주면서 대화한다**
• **자료에 직접 메모한다**


상대의 의견이나 아이디어를 미리 준비해둔 자료에 받아 적습니다. 그리고 그 메모를 상대방에게 보여줍니다.

자료에 나와 있는 대화의 논점에 집중해서 메모하면 됩니다. 그런데 만약 상대방이 대화 중에 갑자기 떠오른 다른 이야기를 시작하면 더 이상 메모를 할 수 없게 되겠지요. **'당신은 지금 논점에서 벗어났다'라는 사인을 보내기 위해서라도 상대에게 자료를 보여주면서 메모하는 것이 중요합니다.**

부하직원　"이 자료에서 알 수 있듯이 스텝들의 초기 대응 속도가 빨라지고 있습니다."

사장　"그렇군……. 그런데 K만 아직 1차 클레임에 대응하는 속도가 느린 것 같은데?"

부하직원　"네, K가 정신을 좀 차려야 할 것 같아요."

사장　"알았네. K한테는 내가 얘기하겠네."

부하직원　"사장님께서 K에게 직접 얘기해주신다고요? 든든하네요. 언제 부를까요?"

사장　"글쎄, 어떻게 할까……. 모레 오후 5시는 어때?"

부하직원　"알겠습니다. '모레 오후 5시' 맞죠?"

이때 부하직원은 '2월 1일, 오후 5시부터 K, 사장님 면담'이라고 자료에 메모를 합니다. 그러면 사장은 부하직원이 메모하는 모습을 지켜보겠지요.

**부하직원** "감사합니다. 그러면 모레 오후 5시로 할게요. K 한테는 사장님이 하실 말씀이 있어서 부르신다고만 해두겠습니다."

**사장** "응, 그래. 알겠네."

이처럼 **대화 내용, 개선 사항을 모두 메모한 뒤에 대화를 통해서 결정된 사항을 정리해서 다시 읽습니다.** 이것을 '패러프레이징(paraphrasing)'이라고 합니다. 패러프레이징이란 논의한 내용을 **적절한 표현으로 바꿔서 상대에게 피드백을 주는 것**입니다.

**부하직원** "사장님, 그러면 제가 정리해 보겠습니다. 결정된 사항은 세 가지입니다. 먼저 첫 번째는 초기 대응 속도가 느린 K는 모레 오후 5시에 사장님이 직접 지도하신다. 두 번째는 2차 클레임이 발생했을 때 보고하는 곳을 통일한다. 세 번째는……."

이미 메모해둔 내용을 읽는 것이기 때문에 상대방 역시 머릿속에서 힘들게 기억을 더듬지 않아도 됩니다.

요주의 인물은 상상력이 풍부한 경우가 많기 때문에 이런 수단을 사용하지 않으면 대화를 하다가 공상을 시작하거나 "그러고 보니 그 일은 어떻게 됐지?" 하면서 다른 얘기를 꺼낼 수도 있습니다.

따라서 대화를 자신이 의도한 방향으로 진행시키기 위해서는 심플한 자료를 준비하고, 그 위에 메모한 뒤에 결정한 내용을 패러프레이징 하는 것이 좋습니다.

## 문제의 소지를 줄이는 '그래프' 활용하기

'요주의 인물'을 상대할 때는 상대방을 '외국인'이라고 생각하고 설명할 각오를 해야 합니다.

상대가 '외국인'이라고 생각하면 **입으로만 이야기하기보다는 종이에 글자나 숫자를 쓰면서 설명하는 편이 대화가 잘 통할 거라는 사실을 짐작할 수 있습니다.**

문자보다 '숫자'를 제시해야 상대가 '지레짐작'할 가능성이

**시각화로 올바르게 전달하다**

• 그래프의 종류

**막대 그래프**

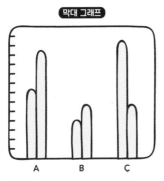

막대 그래프 : 수치의 크고 작음을
표현한다.

**꺾은 선 그래프**

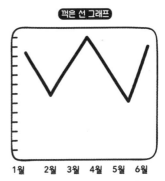

1월  2월  3월  4월  5월  6월

꺾은 선 그래프 : 시간 경과에 따른
데이터의 변화와 추이를 나타낸다.

**원 그래프**

원 그래프 : 전체 안에서의 구성비를
나타낸다.

**분포도**

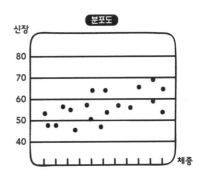

분포도 : 두 종류의 데이터의 상관
관계를 본다.

**목적에 맞춰 사용하자!**

낮아집니다. 그리고 가능하면 그 **숫자가 의미하는 것을 시각적**
**으로 표현해야 이해도가 더 높아집니다.**

따라서 '그래프'를 준비하면 좋습니다. 대표적인 그래프의
종류와 각 그래프의 목적을 그림으로 정리했으니 참고하시기
바랍니다.

'리딩' 의식이 낮은 상대와 대화할 경우에는 '그래프'를 비
롯해서 시각적인 도표를 자료에 넣으면 좋습니다. **그래프를**
**그릴 때의 포인트는 '심플하게 표현'하는 것입니다.**

대화가 딱딱 맞아 떨어지지
않아야 좋은 경우도 있다

**6**

좋은 관계를 구축하려면 '결론'이 없는
잡담도 즐길 줄 알아야 하는 법이지요.
잡담을 잘하는 힘은 '일반상식'이나
'깊이 있는 지식'을 통해 얻을 수 있는 것이 아닙니다.
맞물리지 않는 대화의 '어긋남'이나 공상에 의한 일방적이고
단정적인 말투뿐 아니라 '농담'도 즐길 줄 알아야 하고,
대화를 일부러 맞추지 않고 엉뚱한 이야기를
꺼낼 줄도 알아야 비로소 잡담을 잘할 수 있습니다.

## '잡담 기술'을 익히는
## 방법

앞에서 '표면 커뮤니케이션'과 '논리 커뮤니케이션'에 대해서 설명하면서 언급했듯이 균형을 생각하면 각 커뮤니케이션의 비율이 '8:2' 정도일 때 양호한 인간관계를 유지할 수 있습니다.

'표면 커뮤니케이션'은 실없는 잡담이나 세상 돌아가는 이야기 등 쉽게 말하자면 수다입니다. 가볍게 수다를 떨 때는 이야기가 논리적으로 정확하게 맞아떨어지지 않아야 즐거울 때가 많기 때문에 의식적으로 대화를 맞추지 않는 편이 좋습니다.

일부러 대화를 어긋나게 만드는 다음 **요소를 자유롭게 집어 넣어서 대화**하는 것입니다.

- 엉뚱한 소리
- 지레짐작
- 무조건 거부

A     "주말에 초등학생 아들이랑 영화를 보러 갔는데, 영

화관이 엄청 붐비더라고."

B   "그러고 보니 아들이 영화배우 지망생이라고 했었지?"

A   "영화배우? 무슨 말도 안 되는 소리야?"

B   "누가 그러던데?"

A   "나는 처음 들었다. 우리 아들은 축구밖에 모르는데, 영화배우는 무슨."

B   "고등학교 때까지 축구만 하던 소년이 최고의 배우가 된 케이스도 있잖아."

A   "에이, 그건 그 사람 얘기고."

B   "자네 아들 잘 생겼잖아. 배우하면 좋을 것 같은데?"

A   "에이, 배우는 아무나 하나?"

이런 식으로 때로는 표면적인 커뮤니케이션을 자연스럽게 주고받아야 합니다. **좋은 관계를 구축하려면 '결론'이 없는 잡담도 즐길 줄 알아야 하는 것이지요.**

언제나 '대화를 논리적으로 딱딱 맞춰야 한다'고 생각하거나 상대방을 지나치게 신경 쓰는 사람은 "그러고 보니 아들이 영화배우 지망생이라고 했었지?" 하고 '엉뚱한 방향'으로 이야기를 틀거나 '지레짐작'이라는 사실을 알면서도 "자네 아들 잘 생겼잖아. 배우하면 좋을 것 같은데?" 하면서 자기 생각을 말하지 못합니다.

한편, **가벼운 잡담을 하는 중 대화를 논리적으로 맞추려고 하면 다음과 같이 매우 지루한 대화가 될 수도 있습니다.**

A   "어제 갔던 레스토랑은 정말 최악이었어. 그런 식으로 해서 장사가 될까 싶었다니까? 맛이 하나도 없더라고."

B   "어디 레스토랑? 방문했던 시간대는 어땠어? 가격대랑 회전률은?"

A   "음……. 그런 것까지는 잘 모르겠는데?"

B   "맛이 별로여도 가격이 저렴하고 회전률이 높으면 별 문제는 없을 거야."

A   "뭐, 그럴지도 모르지."

B   "체인점은 조리사의 수준을 일정하게 유지하기가 어려워. 그런 점도 고려해야지."

A   "음……. 그런가?"

문제 해결을 위한 커뮤니케이션을 하고 있다면 모르겠지만, **가벼운 잡담을 하려고 이야기를 꺼냈는데 논점을 고정시켜서**

**딱딱한 태도로 대응하면 화제가 고갈되어서 대화가 중단되기
쉽습니다.**

'잡담'은 상대방과 신뢰 관계를 구축하기 위한 수단입니다.
앞에서도 이야기했듯이 톱니바퀴와 톱니바퀴를 맞물리게 하
는 윤활유 역할을 하기 때문입니다.

**잡담을 잘하는 힘은 '일반상식'이나 '깊이 있는 지식'을 통해
얻을 수 있는 것이 아닙니다.** 맞물리지 않는 대화의 '어긋남'
이나 공상에 의한 일방적이고 단정적인 말투뿐 아니라 '농담'
도 즐길 줄 알아야 하고, 대화를 일부러 맞추지 않고 엉뚱한
이야기를 꺼낼 줄도 알아야 비로소 잡담을 잘할 수 있습니다.

대화가 논리적이지 않아야 서로 농담도 주고받을 수 있고,
이야기도 더욱 활기를 띠게 되는 것이지요.


## SNS에서는
## '딱딱 들어맞지 않는 대화'를 즐겨라

온라인에서나 오프라인에서나 정확한 '배경지식'을 공유하
지 않은 사람과 커뮤니케이션을 하다 보면 대화가 맞물리지
않을 가능성이 높아집니다.

몇 년 전에 제가 트위터에 '이번 분기가 아직 4개월이나 남았는데, 벌써 이번 분기 목표를 달성했습니다'라는 글을 남긴 적이 있습니다.

트위터의 지인 대부분은 '축하해요!', '본받고 싶어요', '역시 반드시 목표를 달성하는 컨설턴트네요' 등의 좋은 댓글을 남겨주었습니다.

그런데 개중에는 '목표를 낮게 잡아서 그렇겠죠'라는 댓글도 있었습니다. 그 분기에는 이전 분기보다 130퍼센트 상승을 목표로 잡았고 1년 동안 예상 못했던 일이 연속으로 일어나는 바람에 솔직히 말하면 상당히 고생하면서 목표를 달성했는데, 그런 상황을 모르는 사람에게 '목표가 낮으니까 달성했겠지'라는 말을 들으니 기분이 좋지 않았습니다.

당시에는 그냥 넘겼는데 약 1년 뒤에도 똑같이 '이번 분기도 생각보다 빨리 목표를 달성했습니다'라고 트위터에 글을 남겼더니 또 다른 사람이(그것도 세 명이나) 다음과 같은 댓글을 달았습니다.

'목표를 낮게 잡았을 게 뻔하다'

'지나치게 낮은 목표를 달성하는 건 의미가 없다'

'그렇게 빨리 목표를 달성하다니 틀림없이 설정한 목표 자체가 낮았을 거다'

전년도보다 20~30퍼센트 이상 목표를 높게 잡았던 데다가 상당히 고생하면서 달성했다는 자부심이 있기 때문에 그런 상황에 대한 이해가 없는 사람에게 '목표가 너무 낮다'고 지적당하는 것이 부당하다고 생각했습니다. 그리고 그 후로는 트위터에 목표 달성에 대한 글을 올리지 않았습니다.

이제 와서 돌아보면 어른스럽지 못한 행동이었던 것 같습니다.

그 정도 일로 화가 난다면 애초에 트위터를 하지 않았으면 됐을 텐데 말입니다. 그리고 그런 글을 올리지 않으면 그만입니다.

페이스북도 마찬가지입니다.

한번은 '나고야 찻집에서 맛본 나폴리탄 스파게티를 만들어봤습니다!'라는 글과 함께 음식 사진을 페이스북에 올렸더니 다음과 같은 댓글이 달렸습니다.

'마지막에 버터를 넣으면 감칠맛이 나서 더 맛있어요! 한번 해보세요'

사실 저는 마지막에 버터를 넣었기 때문에 만약 제가 융통성 없는 사람이었다면 '저도 버터를 넣었는데요? 어째서 제가 스파게티에 버터를 안 넣었다고 생각하는 거죠?'라면서 공격적인 댓글을 달았을지도 모릅니다.

하지만 소셜 미디어를 통한 커뮤니케이션은 원래 그런 것입니다. **실제로 만난 적이 없는 사람과 나누는 대화이기 때문에 완벽하게 들어맞기를 바라서는 안 됩니다. '어긋남'을 즐길 줄 아는 마음의 여유가 필요하지요.**

그 사실을 잘 알기에 저는 댓글을 단 사람에게 적당히 맞춰 주었습니다.

'감사합니다. 마무리로 버터를 넣으란 말이죠? 그건 몰랐네요. 다음에 한번 해볼게요!'

실제로는 버터를 넣었기 때문에 사실은 아니지만, 그 정도의 유연성이 없으면 SNS에서 사람들과 교류하지 않는 편이 나을 거라는 생각이 듭니다.

'그렇군요! 이런 댓글이 달릴 줄은 몰랐네요. 공부가 됐습니다'라고 웃으면서 답할 정도의 여유를 가지기 바랍니다.


## 화나게 하는 상대를 '침묵'시키는 대화법

앞에서 잡담 등의 '표면 커뮤니케이션'을 할 때는 일부러 대화를 맞추지 않고 이리저리 자유롭게 흘러가게 내버려둬야 더 즐겁다는 이야기를 했습니다.

그런데 잡담 외에도 대화를 일부러 맞추지 않는 편이 좋은 경우가 있는데, 예를 들어 어떤 말을 듣고 기분이 나빴다면 대화를 맞추려 애쓰지 않는 편이 낫습니다.

일반적으로 누군가의 말에 화가 났을 때 사람들은 보통 다음과 같이 대응합니다.


**① 반론한다**

**② 무시한다**

**③ 그 이야기를 그만두게 만든다**


대부분의 사람들은 '반론'이라는 선택지부터 택하는 경향이 있습니다.


A     "회사에서 엄청 기분 나쁜 일이 있었어. 부장이랑 같이 점심을 먹으러 갔는데 자기가 사준다고 하는 거 있지? 바보 아니냐? 고작 600엔이었다고. 겨우 600엔짜리 점심 값 정도는 나도 낼 수 있는데, 굳이 사준다는 걸 보면 왠지 날 무시하는 것 같지 않아?"

B     "자세한 상황은 모르겠지만 얼마가 되었든 사주면

감사한 일 아니야? 그리고 상사를 바보라고 하는 건 좀 그렇지 않아?"

A　"뭐? 넌 내 상황도 모르잖아. 우리 부장이 얼마나 멍청한지 알고나 하는 소리야?"

B　"그럼 나한테 그런 얘기를 하지 말든가."

A　"나라고 이런 얘기를 좋아서 하는 줄 알아?"

B　"먼저 얘기를 꺼냈으면서 이제 와서 무슨 소리야?"

A　"어쨌든 우리 부장은 바보 같다고. 너한테 꼭 알아달라는 건 아니지만."

B　"별로 듣고 싶지 않으니까 이제 그만해. 대체 나보고 어쩌라는 거야?"

A　"누가 할 소리!"

이렇게 흥분한 상대에게 **논리적으로 반론하려고 하면 스스로도 화가 날뿐 아니라 쓸데없이 상대의 화만 돋우게 될지도 모릅니다.**

애초에 상대는 말이 안 통하는 사람이거나 들으려 하지 않기 때문에 대화를 하다 보면 다툼이 생기기 쉽습니다.

논리적으로 반론하려고 해도 대화가 맞물리지 않아서 서로의 짜증이 증폭되는 것이지요.

이처럼 **'반론'**을 하거나 **'무시'**하면 상대와의 관계가 거북해지게 되어 있습니다.

그렇다면 상대방에게 스트레스를 주지 않고 '더 이상 그 이야기를 하지 못하게 만드는 방법'은 없을까요? 그런 방법이 있다면 100퍼센트 확실하지는 않더라도 시도해볼 가치는 있을 겁니다.

상대방의 이야기를 듣고 싶지 않다면 **일부러 '엉뚱한 소리'**를 해서 화제를 다른 쪽으로 돌리면 됩니다.

상대 이야기의 논점인 '줄기'에 맞춰서 대화를 진행시킬 것이 아니라 **이야기의 '가지와 잎사귀'에 맞춰서 화제를 새롭게 구성**하는 것이지요.


A    "회사에서 엄청 기분 나쁜 일이 있었어. 부장이랑 같이 점심을 먹으러 갔는데 자기가 사준다고 하는 거 있지? 바보 아니냐? 고작 600엔이었다고. 겨우 600엔짜리 점심 값 정도는 나도 낼 수 있는데, 굳이 사준다는 걸 보면 왠지 날 무시하는 것 같지 않아?"

B    "헐. 그나저나 600엔이라고? 점심 값이 600엔이었어?"

A    "응, 그렇던데?"

| B | "엄청 저렴하다. 점심이 600엔이라니……. 내가 일하는 시내 중심가는 음식 값이 진짜 비싸거든." |
| A | "보통 얼만데?" |
| B | "거의 850엔에서 1000엔 정도? 1000엔 이내로 점심을 먹을 수 있는 가게가 거의 없어." |
| A | "진짜?" |
| B | "응. 그래서 난 요즘에 편의점만 들락거려. 편의점 도시락도 잘 고르면 꽤 괜찮거든." |
| A | "……." |

진지하게 반론하면 서로가 불필요하게 스트레스만 받게 됩니다. 만약 상대가 불쾌해하지 않게 말을 맞춰주려면 스스로를 속여야 합니다(이 경우라면 '정말 그런 상사가 있어? 진짜 바보 같다'라고 무리하게 맞춰줘야 하겠지요).

상대와 싸우기도 싫고 스스로에게 거짓말을 하기도 싫다면 앞의 대화 사례처럼 억지로라도 대화의 논점을 계속 돌려서 대화를 '엉뚱한 방향'으로 끌고 가는 방법이 있습니다.

**대화를 다른 방향으로 틀면 상대의 격양된 감정도 서서히 가라앉힐 수 있기 때문**입니다.

물론 "지금 점심 값 저렴한 게 중요해? 바보 부장 때문에 화난 얘기를 하고 있잖아!"라면서 상대가 대화의 논점을 되돌리려 할 수도 있습니다.

상대가 어떻게 나오느냐는 예측하기 어렵기 때문에 100퍼센트 확실한 방법은 아니지만 **'대화를 빨리 끝내고 싶다', '화제를 바꾸고 싶다'는 생각이 든다면** 시도해봄직한 방법입니다.

경영 컨설턴트인 저는 부하직원의 험담만 하는 경영자들에게 정색을 하고 "그런 식으로 얘기하니까 부하직원들이 당신 지시를 안 따르는 겁니다"라고 반론할 수 없는 경우가 있습니다. 그래서 때로는 이야기의 초점을 다른 곳으로 돌리고는 합니다.

"아, 부하직원이라고 하니까 갑자기 생각났는데요. 제 부하직원이 쌍둥이를 낳았지 뭐예요? 쌍둥이란 얘길 듣고 진짜 깜짝 놀랐어요. 게다가 아이들 이름도 비슷해서……."

이런 식으로 말입니다.

확실한 효과를 보장하기는 어려운 방법이기 때문에 **오래 알고 지냈거나 상대의 성격을 확실히 파악했을 때 시도하기를 추천**합니다.

## '잔소리꾼'이
## 되지 않는 방법

**무슨 일을 하든지 논리를 따지고 현실적으로 실현 가능한지부터 따지려 들면 '귀찮은 사람', '설교하려 드는 사람'이라는 딱지가 붙을지도 모릅니다.**

저만해도 경영 컨설턴트라는 직업의 특성상 습관적으로 논리를 따지다 보니 '귀찮은 잔소리꾼'이라는 말을 자주 듣습니다. 저 같은 직업을 가진 사람은 특히 주의해야 합니다.

얼마 전에 한 엄마가 초등학교 저학년 딸과 다음과 같은 대화를 나누는 걸 보았습니다.

| | |
|---|---|
| 딸 | "이번 크리스마스 선물은 안 받아도 돼." |
| 엄마 | "안 받아도 된다고?" |
| 딸 | "응. 그래도 산타 할아버지한테 소원은 빌 거야." |
| 엄마 | "어떤 소원?" |
| 딸 | "피겨 스케이트 선수가 되게 해달라고." |
| 엄마 | "뭐? 피겨 스케이트 선수가 되고 싶어? 얼마 전까지 꽃집 언니가 되고 싶다고 했잖아." |
| 딸 | "아사다 마오 선수처럼 되고 싶어." |

| 엄마 | "아사다 마오 선수라니……. 그렇게 되려면 현실적으로 이미 늦은 거 아냐? 훨씬 어렸을 때부터 매일같이 연습했어야 될 텐데." |
| 딸 | "지금부터라도 매일 연습하면 되지." |
| 엄마 | "피겨 스케이트를 본격적으로 배우려면 큰 도시까지 나가야 되는데, 엄마도 일을 하고 있으니까 현실적으로 매일같이 데려다줄 수가 없어." |
| 딸 | "……." |

엄마는 아이 말을 지나치게 현실적으로 받아들였습니다. "그러게. 아사다 마오 선수처럼 됐으면 좋겠다. 산타 할아버지가 소원을 들어주실까?" 하면서 딸의 말을 가볍게 받아주면 되었을 텐데, 너무 진지하게 받아들인 나머지 '설교 모드'가 발동하고 말았습니다.

송년회 등 회식 자리에서 설교를 하려 드는 상사가 있으면 이와 비슷한 상황이 벌어지기도 합니다.

| 부하직원 | "부장님, 내년에는 더 열심히 일하겠습니다." |
| 상사 | "그래? 좋은 자세야. 기대하겠네." |
| 부하직원 | "제 꿈은 우리 회사를 도쿄 증권 거래소 상장기 |

업으로 만드는 겁니다! 열심히 하겠습니다!"

상사　"도쿄 증권 거래소 상장기업?"

부하직원　"네. 아직 직원이 20명밖에 없는 회사지만, 앞으로 고객들에게 더욱 신뢰받고 규모를 늘려서 상장기업으로 키우고 싶습니다!"

상사　"자네가 뭘 모르는군."

부하직원　"네?"

상사　"도쿄 증권 거래소 상장이라니 현실적으로 어떻게 하면 상장할 수 있는지 알기는 하나?"

부하직원　"아직 거기까지는……."

상사　"태평한 소리를 하고 있고만. 업계의 성장률과 우리 회사 최근 몇 년 동안의 실적을 비교하면, 상장기업이 되는 건 어림도 없지."

부하직원　"네……."

상사　"게다가 상장만 한다고 끝나는 게 아니네. 상장되면 매수 리스크에도 노출되고, 불특정 다수의 주주 의견도 들어줘야 한단 말일세."

부하직원　"죄송합니다."

상사　"꿈을 꾸는 건 좋지만 현실을 직시하는 것도 중요하지. 안 그런가?"

한 해를 마무리하는 송년회 자리에서 희망에 부푼 부하직원의 실현 불가능한 꿈 이야기 정도는 상사의 도량으로 웃어넘겨도 되지 않을까요?

"그렇군! 자네 덕에 우리 회사도 상장회사가 되는 건가? 대담하게 나오는데? 하하하하. 그것도 좋지. 젊어서는 꿈을 크게 가져야지!"

'표면 커뮤니케이션'은 관계를 원만하게 유지하기 위한 것이기 때문에 **'현실적으로 생각하라'면서 좋은 분위기에 찬물을 끼얹는 행동은 자제해야 합니다.**

## 남성을 위한 대화법!
## 여성이 '문제 해결이 아닌 공감'을 요구할 때는?

사람들은 누군가에게 상담을 요청할 때 주로 다음 두 가지 목적을 가지고 있습니다.

**① 문제를 해결하고 싶다**
**② 안심하고 싶다**

아는 척하기를 좋아하는 사람은 모든 상담의 목적이 '문제 해결'에 있다고 생각하는 경향이 있습니다. 저 같은 컨설턴트는 누군가가 무슨 얘기를 꺼내기만 하면, 직업 특성상 문제 해결을 요청받았다고 판단하기 쉽습니다. 그래서 '안심을 얻기 위한' 상담 요청에도 문제를 해결하려 드는 버릇이 있습니다. 하지만 무작정 달려들 것이 아니라 대화에 앞서서 상대의 대화 목적부터 살필 줄 알아야 합니다.

그러면 구체적인 대화 사례를 살펴보겠습니다.

어느 날 아내가 다음과 같은 이야기를 꺼냈다고 해봅시다.

아내     "한낮에 옆집에서 큰 비명이 자주 들리는데 어떻게 생각해요? 아무래도 초등학생 목소리 같은데."

이런 말을 들었다면 남편은 문제를 해결하기 위해서 머리를 굴려야 할 것입니다.

남편     "글쎄, 집집마다 사정이 다르니까."

이런 식으로 한가한 소리를 할 때가 아닙니다.

그렇다면 아내가 다음과 같은 이야기를 꺼냈다면 어떨까요?

아내    "내 고등학교 친구가 지난달에 출산을 했는데, 남
       편이 중국으로 파견을 나가게 됐대요. 어떻게 생각
       해요? 아기가 태어난 지도 얼마 안 됐는데 너무하
       지 않았어요?"

이런 이야기는 **상담의 형식을 빌린 잡담이기 때문에 적당히
대답하고 넘어가면 됩니다.**

남편    "그 남편이 취할 수 있는 선택지는 두 가지가 있어.
       하나는 회사의 명령에 따라서 중국으로 가는 방법
       이고, 또 하나는 집에서 출퇴근 할 수 있는 회사로
       이직하는 방법이야. 출퇴근이 가능한 범위 내에 어
       떤 기업이 있는지를 먼저 조사해야겠지. 그리고 남
       편의 경력이나 능력, 나이 등을 고려해서 이직할
       만한 곳이 있는지 없는지를 검토해야 돼. 내가 아
       는 사람 중에 이직 컨설턴트가 있으니까 원한다면
       대신 물어봐줄 수도 있어. 친구 남편한테는 내가
       먼저 연락하는 게 나을까? 이런 일은 빨리 움직이
       는 게 좋거든."

잡담은 적당히 맞장구를 쳐가며 대화를 이어간다

A상황

B상황

논리적으로 대화를 맞출지, 표면적으로만 맞추는 것이 좋을지 적절하게 구분해야!

이렇게 **진심으로 문제를 해결하려고 해서는 안 됩니다.**

아내는 '애초에 남편한테 얘기를 꺼내는 게 아니었는데……' 하면서 후회하겠지요.

남편    "글쎄, 집집마다 사정이 다르니까."

이런 경우에야말로 아까처럼 적당히 대답하면 됩니다.

남편    "아이가 이제 막 태어났는데 혼자 중국으로 가야 한다니 안됐네. 아내도 힘들겠지만 남편도 틀림없이 괴로울 거야."

아내    "그러게 말이에요. 회사도 좀 배려해줘야 되는 거 아니에요?"

남편    "분명히 장래가 촉망되는 우수한 사원이라서 해외 발령이 났을 거야. 그래도 좀 그러네."

아내    "그러니까요. 지금이라도 어떻게 안 될까요?"

남편    "글쎄, 그건 좀 어려울 것 같은데?"

**잡담에는 이 정도로 맞장구를 쳐가면서 대화를 이어가면 됩니다.**

그러지 않으면 상대와 페이스를 맞춘 커뮤니케이션(facing)을 할 수 없습니다.

반드시 그렇다고 단정할 수는 없지만 **여성들은 대개의 경우 '안심'하고 싶어서 다른 사람의 의견을 묻고는 합니다.**

상대의 이야기를 듣고 논리적으로 대화를 맞추는 편이 좋을지 아니면 표면적으로만 맞추는 것이 좋을지 적절하게 구분해서 대화모드를 전환할 줄 알아야 원활한 커뮤니케이션을 할 수 있습니다.


## '요주의 인물'과의 대화는 무조건 짧게 끊어야 할까?

'미리 이야기해두지 않으면 나중에 일을 복잡하게 만드는 사람'이 있습니다. 반대로 '미리 이야기하면 오히려 일을 복잡하게 만드는 사람'도 있습니다.

어떤 조직에 소속되어서 일한다면 이런 두 가지 유형의 사람이 있다는 사실을 기억해둬야 합니다. '어떤 사람과의 대화를 빨리 끊어내서는 안 되는가? 어떤 사람과의 대화를 빨리 끊어내야 하는가?'를 잘 구분해야 하지요.

이를 파악해서 기억하면 조직 안에서 적절하게 행동할 수 있습니다.

'요령 있는 사람'은 **어떤 '톱니바퀴'와 어떤 '톱니바퀴'를 맞물리게 해야 일이 가장 빨리 진행되는가**를 빠르게 파악합니다. 사람들 사이의 관계를 파악하는 데 능한 것이지요.

'지난번 상황에서는 부장님께 한마디 언급해두는 편이 좋았지만, 이번 같은 경우에는 말하지 않는 편이 좋다'

쓸데없는 곳에 공을 들이거나 불필요한 걱정을 하지 않으려면 일과 사람을 '톱니바퀴'라고 생각하고 조직 안에서 일과 사람의 톱니바퀴가 잘 맞물리도록 처신해야 합니다.

## 이럴 때는
## '대화가 어디로 튈지 모르는 사람'이 낫다

지금까지 대화가 안 통하는 '요주의 인물'에 대해서 다뤘는데, **때와 장소에 따라서는 다음 수식이 통하지 않는 경우도 있다**는 사실을 알아두시기 바랍니다.

- **'대화가 통한다'** → OK

• '대화가 안 통한다' → NG

누군가에게 효과적인 아이디어 혹은 아이디어의 소재를 얻거나 새로운 시야를 확보하고 어떤 깨달음을 얻고자 하는 사람은 '대화가 통하는 사람'과 이야기하는 편이 좋습니다.

하지만 자기 페이스로 이야기하고 스스로 깨달음을 얻고자 하는 사람은 '대화를 엉뚱한 방향으로 이끄는 사람'과 대화하는 편이 나을 때도 있습니다.

**사실 천성적으로 '착한 사람' 중에는 대화가 잘 안 통하는 사람이 많습니다.**

A    "지난번에 회사에서 부장님한테 엄청 혼났어. 그렇게 깨지고 나니까 기운이 쭉 빠지고 어떻게 해야 좋을지 모르겠더라고."

B    "그랬구나. 너한테 기대하는 게 있어서 그랬을 거야."

A    "아닌 것 같은데? 맨날 나만 혼난다니까?"

B    "넌 고등학교 때도 동아리 활동하면서 주장의 기대를 한 몸에 받았었잖아."

A    "그건 그렇지만. 그때는 주장한테 그렇게 혼난 적이 없는 걸."

| | |
|---|---|
| B | "그러고 보니 그때 우리 주장, 지금 어떻게 지내는지 알아?" |
| A | "어? 어떻게 지내는데?" |
| B | "개그맨이 되겠다고 극단 생활을 하고 있대! 그렇게 목숨 걸고 운동했으면서!" |
| A | "황당하다." |
| B | "진짜 웃기지?" |
| A | "그나저나 내 얘기 듣고 있어?" |
| B | "듣고 있지 그럼! 아까부터 신시하게 듣고 있잖아." |
| A | "정말?" |
| B | "혼난 건 신경 쓰지 마." |
| A | "신경 쓰지 않으려고 해도 신경이 쓰인다고." |
| B | "부장님이 너한테 기대를 많이 해서 그런 거라니까? 틀림없어. 그러니까 너무 마음에 담아두지 마." |
| A | "그래, 그만하자……. 그래도 고마워. 왠지 모르게 기운이 났어." |
| B | "그래?" |
| A | "응. 이러니저러니 해도 나한테 뭔가 문제가 있어서 그랬을 테니까 일단은 정신 먼저 차리고 열심히 해보려고." |

이야기의 논점은 '부장님에게 혼나는 일이 많아서 기분이 좋지 않다. 어떻게 하면 좋을지 상담하고 싶다'입니다. 그런데 B는 문제 해결에 도움을 주려고 하는 것처럼 보이지 않습니다.

자기 나름대로 A에게 용기를 주려고 하는 것이겠지만, 대화가 딱딱 맞물리지 않고 엉뚱하게 흘러가고 있습니다.

하지만 결과적으로 A는 위로를 받고 기운을 차렸습니다. 그리고 자기 나름대로 깨달음도 얻었지요. 사람은 좋지만 대화의 톱니바퀴는 딱딱 맞출 줄 모르는 B 덕분입니다.

그렇다고 '대화가 안 통하는 사람'은 모두 '좋은 사람'인가 하면 그렇지는 않습니다. 대화가 안 통해서 좋은 사람인 것이 아니라 **천성이 낙천적이고 긍정적인 사람이기 때문에 '좋은 사람'인 것이겠지요.**

누군가에게 상담을 요청하고 싶다면 남에게 강요하기를 좋아하는 사람이나 위압적인 사람, 다른 사람 말을 듣지 않아서 '대화가 통하지 않는 사람'은 절대 NG입니다.

그저 이야기를 들어주기만 하면 된다면 대화는 잘 안 통하더라도 '낙천적인 사람'을 찾아볼 것을 추천합니다.

## '포기'라는
## 선택지

내가 아무리 노력해도 도무지 대화가 맞물리지 않는 사람이 있습니다. 그런 사람과는 근본적인 '사고방식'이 다를 가능성이 높습니다.

어차피 '사고방식'을 똑같이 만들기는 어렵기 때문에 '겉으로만 그렇게 보여도 되니까 형식적으로라도 대화를 맞추고 싶다', '상대가 안고 있는 문제를 조금이라도 해결해주고 싶다'는 생각에 어떻게든 대화의 아귀를 맞추려 애쓰는데, 어딘가 어긋나는 느낌만 들고 대화가 잘 진행되지 않는 경우가 있습니다.

B   "지난번에 과장님이 부탁하신 자료를 오늘 저녁까지 준비해야 하는데 도저히 시간이 안 나네? 어떻게 해야 좋을지 고민이야."

C   "아, 그래? 그러면 과장님께 말씀드려보지?"

B   "과장님은 항상 나한테만 일을 맡기는 것 같은데, 어떻게 생각해?"

C   "글쎄, 나한테도 이것저것 부탁하셔."

B   "요즘에 왠지 과장님 시선이 신경 쓰인다고 할까? 나 한테 굉장히 화가 나신 것 같더라."

C   "그럴 리가 있겠어?"

B   "왜 이런 회사에 들어왔나 후회될 때가 있다니까?"

C   "뭐?"

B   "있잖아, 뭘 위해서 이 세상에 태어났는지 생각해본 적 있어?"

C   "갑자기 무슨 소리야?"

B   "요즘에 자꾸 그런 생각이 들어서."

C   "그럴 시간이 있으면 과장님이 부탁하신 일부터 처 리하지? 빨리 안 하니까 과장님이 화내시는 거 아니 야?"

B   "역시 과장님이 나한테 화나신 거 맞지?"

C   "음……. 그건 나도 잘 모르겠다."

B   "지금 방금 그랬잖아!"

C   "그건 모르겠지만 일을 빨리 시작 안 하니까 점점 시 간에 쫓기는 거 아니야?"

B   "뭐라고?"

C   "너는 다른 일할 때도 그런 경향이 있는 것 같아."

B   "다른 일할 때 언제?"

C      "예를 들어서……. 탕비실 청소 담당자 리스트를 만
들라고 지난달에 얘기했는데 이러쿵저러쿵 말만 하
고 안 만들어서 결국 내가 했잖아."

B      "청소 담당 얘기야? 애초에 난 탕비실 청소를 여자들
한테 강요하는 사무실 분위기가 문제라고 생각해."

C      "뜬금없이 그건 또 무슨 소리야?"

B      "이상하지 않아? 여자들한테만 탕비실 청소 당번이
돌아오는 거 말이야."

C      "그건 그렇기 하지만……."

B      "아무래도 그런 나쁜 풍습이 이 회사에 뿌리내리고
있는 것 같아."

C      "……."


B는 하나하나의 문장에 들어 있는 '단어'의 꼬리를 잡고, 자
기 머릿속에 떠오르는 대로 말을 내뱉어서 대화를 계속 엇나
가게 만들고 있습니다.

C는 어떻게든 이야기의 '논점'을 찾아서 올바른 대답과 조
언을 하려고 애쓰고 있지만 B가 이야기를 계속 '엉뚱한 방향'
으로 끌고 가자, 중간부터는 도저히 '말이 안 통하겠다'고 생
각한 것 같습니다.

이쯤 되면 C도 대화 상대가 되기를 포기할 수밖에 없습니다.

C    "아무튼 과장님이 시키신 일은 빨리 하는 게 좋지 않을까?"

B    "있잖아, 과장님 이상한 버릇 있는 거 알지?"

C    "버릇?"

B    "예를 들어서 도시락 먹기 전에 꼭 이를 닦는다든지 말이야."

C    "……."

B    "본 적 없어? 있을 텐데?"

C    "저기, 나도 바쁘니까 슬슬 일하러 가볼게."

B    "아, 미안."


어떤 사람은 **다른 사람에게 적당히 거리를 두고 대충 응대하는 행위 자체**에 죄책감을 느끼기도 합니다.

하지만 저는 현대사회를 살면서 커뮤니케이션 스트레스를 조금이라도 줄이려면 때로는 적당히 둘러대고 피하는 것도 필요하다고 생각합니다.

물론 타인과 대화를 맞추기 위해서 일정 기간 동안 시행착오를 반복하는 것도 필요합니다. 하지만 기술이나 지식의 문제가 아니라 '사고방식' 자체가 다르다면 노력해도 맞출 수 없는 부분도 있습니다.

**'이 사람에게 상담하지 않는 편이 좋을 것 같다'**
**'이 사람과는 적당히 대화를 맞춰주면 되겠다'**
**'이 사람이 기입한 코멘트는 기본적으로 무시하자'**

이처럼 '일단 포기한다'는 선택지도 가지고 있어야 합니다.


## 대화가 무조건 통하는
## '마법'을 손에 넣는 방법

마지막으로 '대화가 무조건 통하는 마법'에 대해서 설명하겠습니다.

**실제로는 대화가 맞물리지 않았는데, 마치 맞물린 것처럼 일이 척척 진행되는 신기한 현상**이 일어날 때가 있습니다.

상대가 대화가 통할 것 같지 않은 사람이라면 원활한 대화를 위해서 여러 가지 준비를 하는 것이 기본입니다. '사전에 효과적인 자료 만들어두기', '직접 만나서 대화할 기회 만들기', '먼저 결론부터 전달하는 화법 구사하기', '신뢰 관계가 있는 인물을 중간에 개입시키기' 등 적절한 방법을 찾아야 하지요.

그런데 그런 방법을 쓰지 않아도 그야말로 '마법'에 걸린 것처럼 대화가 맞아 떨어지고 통하는 경우가 있습니다.

그 **'마법'의 정체는 '라포르(rapport)'** 즉, **'신뢰 관계'**입니다.

| | |
|---|---|
| 부하직원 | "부장님, 실은 신입사원 A 일로 상담할 게 있습니다. A가 일에 의욕이 너무 없는 것 같아서요." |
| 상사 | "그래? 결국 그거지? 급여가 낮아서 동기부여가 안 된다는 거 아냐?" |
| 부하직원 | "그건 저도 잘 모르겠는데요. 아무튼 제가 리더를 맡고 있는 조직개혁 프로젝트에서 이 문제를 논의하려고 합니다." |
| 상사 | "음……." |
| 부하직원 | "그래도 될까요?" |
| 상사 | "그래, A는 자네한테 맡기겠네. 그나저나 지난번 경영회의에서 얘기가 나왔던 설비투자 건은 어떻게 생각하나?" |
| 부하직원 | "아, 그 건은……." |

| 상사 | "그런 설비투자를 해서 무슨 의미가 있나 싶어서 말이야." |

부장은 부하직원의 말을 설렁설렁 듣고 있습니다. 부하직원의 말을 이 정도로 흘려보내는 것을 보면 '리스닝' 의식이 매우 낮다고 할 수 있겠지요.

그렇기 때문에 대화가 전혀 맞물리지 않고 있습니다. 이런 상태라면 나중에 부하직원이 무슨 말을 했는지도 기억하지 못할 것이 뻔합니다.

하지만 그럼에도 불구하고 신기한 현상이 일어날 때가 있습니다.

| 다른 부하직원 | "부장님, A를 그냥 내버려둬도 괜찮을까요?" |
| 상사 | "무슨 말이지?" |
| 다른 부하직원 | "신입사원이라고 어리광 부리게 두지 말고 따끔하게 한마디 하는 게 낫지 않을까 싶어서요." |
| 상사 | "아, 그건 그렇지. 신입사원 때부터 바로잡아야지." |
| 다른 부하직원 | "제 생각도 그렇습니다. 그런데 조직개혁 |

프로젝트에서 이 문제에 대해서 상의하면서 프로젝트 리더가 부장님도 A에 대해서 논의하는 걸 승낙하셨다고 하던데, 정말인가요?"

상사     "응? 내가 승낙을 해?"

다른 부하직원     "못 들으셨어요?"

상사     "음……."

다른 부하직원     "……."

상사     "들었던 것 같네."

다른 부하직원     "네?"

상사     "그러고 보니 내가 그 문제를 조직개혁 프로젝트에 맡기겠다고 했던 것 같기도 하고……."

다른 부하직원     "네? 정말로 부장님이 승낙하셨어요?"

상사     "그래. 내가 그렇게 말했던 것 같아. 요즘 같은 시대에 아무한테나 따끔하게 말한다고 해서 다 통하는 게 아니니까."

부장은 앞에서 대화를 나눈 부하직원(조직개혁 프로젝트의 리더)을 전폭적으로 신뢰하고 있습니다.

그렇기 때문에 **그 부하직원이 그렇게 말했다면 그 말이 맞을 거라고 말해준 것입니다.** 주위사람들은 마치 '마법'에라도 걸린 것처럼 이상하게 생각할지도 모릅니다.

그런데 이런 일은 영업사원과 고객 사이에서도 자주 일어납니다.

| | |
|---|---|
| **영업사원** | "이번에 소개해드린 상품은 어떠신가요? 재료값이 폭등하는 바람에 가격이 조금 비싸졌지만, 반드시 만족하실 겁니다." |
| **고객** | "그래. 자네가 좋다고 하면 틀림없겠지. 구입하겠네." |
| **영업사원** | "정말요? 감사합니다!" |
| **고객** | "전보다 상당히 저렴해졌지? 항상 내 주머니 사정을 생각해줘서 고마워." |
| **영업사원** | "네? 아니요, 그게……. 저렴해지지는 않았는데요……." |
| **고객** | "괜찮아요, 괜찮아. 아내는 내가 설득할 테니까 걱정 말게나." |
| **영업사원** | "정말로 괜찮으세요?" |
| **고객** | "괜찮대도. 나한테 맡겨둬." |

이처럼 대화가 맞물리지 않았는데 신기하게 대화가 성립되기도 합니다. 상대방을 **전폭적으로 신뢰하기 때문에 이런 이상한 현상이 일어난다**고 할 수 있습니다. 그야말로 '맹신'이라는 단어가 딱 어울립니다.

커뮤니케이션은 '언어 커뮤니케이션'과 '비언어 커뮤니케이션'으로 분류됩니다. 이 책에서는 '언어 커뮤니케이션'에 초점을 맞춰서 '어떤 식으로 대화를 맞물리게 할 것인가' 하는 소통의 방법을 살펴보았습니다.

그런데 **사람들은 의외로 다른 사람의 말을 정확하게 듣지 않는 경우가 많습니다.**

자료나 전단지, 팸플릿을 건네도 놀랄 만큼 엉뚱한 소리를 하는 경우가 많습니다.

맞물리지 않는 요소를 언어적인 방법으로 처리해서 하나하나 지각하게 만들고 맞물리게 하는 것도 좋지만, 이것은 상당히 어려운 작업입니다.

그렇기 때문에 **'평소 행실'**이 더 중요한데, 이것은 '비언어 커뮤니케이션' 분야입니다. **긍정적인 자세로 성실한 근무 태도를 보이면 주변 사람들의 기대를 받게 됩니다. 그리고 그 기대에 부응해서 결과를 계속해서 보여주면 무한한 신뢰를 얻게 되겠지요.**

이것이 바로 '마법'의 정체입니다.

기술이나 잔재주도 중요하지만 평소에 다른 사람들에게 신뢰받을 만한 행동을 해야 비로소 신기하게 대화가 통하는 '마법'을 손에 넣을 수 있습니다.

GETTING THROUGH TO UNREASONABLE PEOPLE

# '통하지 않는 대화'를 즐기는 삶

인터넷이 보급되면서 다양한 방법으로 타인과 '연결될 기회'가 늘어난 대신 '오해'를 받을 일도 많아졌습니다.

'난 한 번도 그런 얘기를 한 적이 없는데 왜 그렇게 단정하는 거지?'

매일같이 이런 고민을 하는 사람도 적지 않겠지요.

커뮤니케이션 수단이 다양화된 덕분에 이전보다 더욱 효율적으로 일이 진행된다고 생각하는 사람도 있습니다. 어떤 측면에서는 그렇고, 어떤 측면에서는 그렇지 않습니다.

"사정을 말하면 알아줄 거야"라고 말하는 사람이 있습니다.

"제대로 마주 앉아서 이야기하면 상대방도 반드시 이해해줄 거야"라고 믿는 사람도 있지요.

이 말은 맞을 수도 있고, 틀릴 수도 있습니다.

신기하게도 **'이야기하면 알 거다'라고 말하는 사람일수록 상대방 이야기를 듣지 않는 경우가 많습니다.** 순수한 사람이라고 말해야 할지도 모릅니다. 이 말을 들은 상대도 똑같이 순수하다면 다음과 같이 공감해주겠지요.

"그렇지. 잘 이야기하면 분명히 알아줄 거야."

하지만 현실에 직면해 있거나 문제 해결에 바쁜 상황이라면 "말해서 알아줄 사람 같았으면 처음부터 이렇게 고생 안 했을 거라고!" 하면서 반박하고 싶어질 수도 있습니다.

**사람과 사람 간의 '대화'는 매우 불안정해서 약한 바람에도 흔들리기 마련**입니다. 정해진 규칙 안에서 논리적으로 정확하게 전개되는 '대화'는 거의 드뭅니다.

그렇다고 **자신의 화법이나 전달 방법, 문장을 쓰는 방법에 대해서 지나치게 걱정할 필요는 없습니다.**

그보다 상대와의 대화를 입체적으로 관찰하고 제대로 맞물리고 있는지, 아니면 이야기의 논점이 흩어지고 있는지를 식별하는 습관을 들여야 합니다.

이런 연습을 하다 보면 설령 대화가 맞물리지 않더라도 "이런, 또 대화가 안 통했네. 어쩔 수 없지"라며 웃어넘길 수 있는 여유를 가지게 됩니다.

자기 주변에 존재하는 모든 '대화'를 논리적으로 맞추기란 애초에 불가능합니다. 이전보다 **한두 번이라도 대화가 잘 맞물리게 되었다는 사실에 기뻐할 줄 아는 자세를 가져야 마음 편하**

**게 대화를 나눌 수 있습니다.**

이 책이 여러분의 커뮤니케이션 스트레스를 줄이는 데 도움
이 되었기를 바랍니다.

요코야마 노부히로

**참고문헌**

- 《이과계열의 작문기술理科系の作文技術》, 기노시타 고레오 지음(주오코론신샤)
- 《일본어 작문기술日本語の作文技術》, 혼다 가쓰이치 지음(아사히신문출판)
- 《로지컬 프레젠테이션 –자기 생각을 효과적으로 전하는 전략 컨설턴트의 '제안 기술'ロジカル・プレゼンテーション—自分の考えを効果的に伝える戦略コンサルタントの「提案の技術」》, 다카다 다카히사 지음(에이지출판)[국내에서는 《회사가 원하는 제안의 기술 –우수한 플랜을 성공시키기 위한 테크닉의 모든 것》이라는 제목으로 출간]
- 《NLP의 기본을 알려주는 책 실무입문NLPの基本がわかる本 (実務入門)》, 야마사키 히로시 지음(일본 능률협회 매니지먼트 센터)